我最爱玩的小手工

巧手折纸

李纳 编

化学工业出版社
·北京·

巧手折纸

目 录

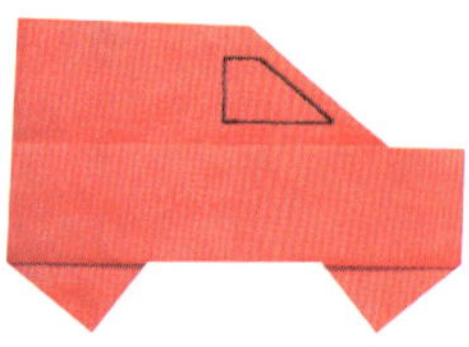

折纸符号

折痕

吹 气

手抓位置指定点

折后再复原

打 开

① ②

折叠顺序

翻 转

交 点

沿裁剪线剪开

随方向折

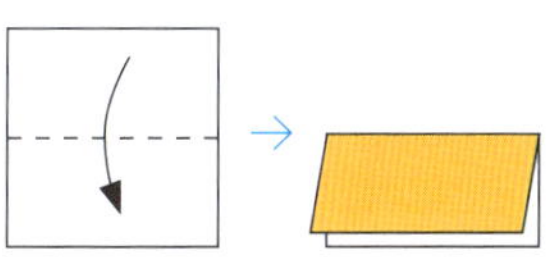

内压折

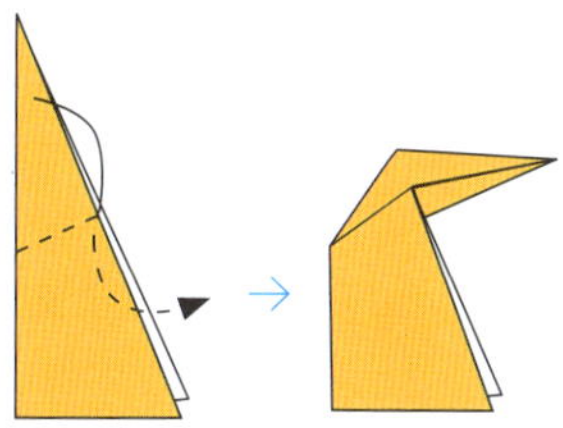

曲 折

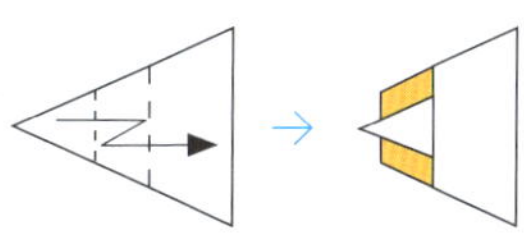

向背后折

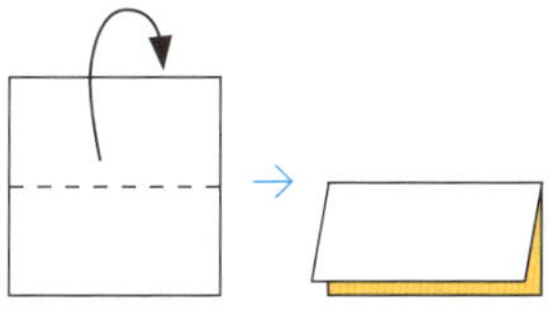

旋转90度

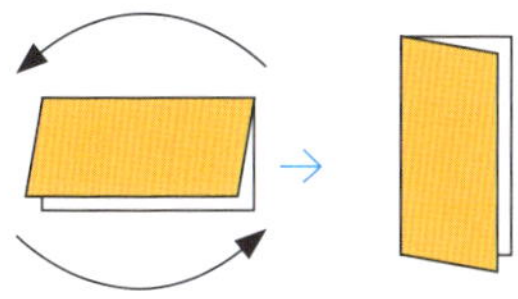

卷 折

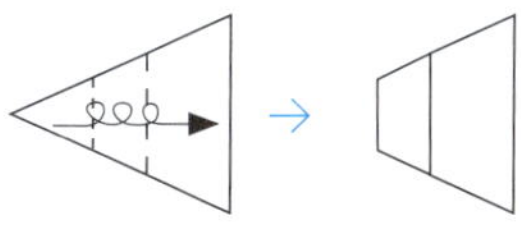

游戏篇

折纸玩具可以提高孩子的想象力和创造力，促使孩子智力发展。训练孩子独立操作能力，促进手与脑的相互协调。同时也可以培养孩子爱劳动、勤俭节约及克服困难的精神。

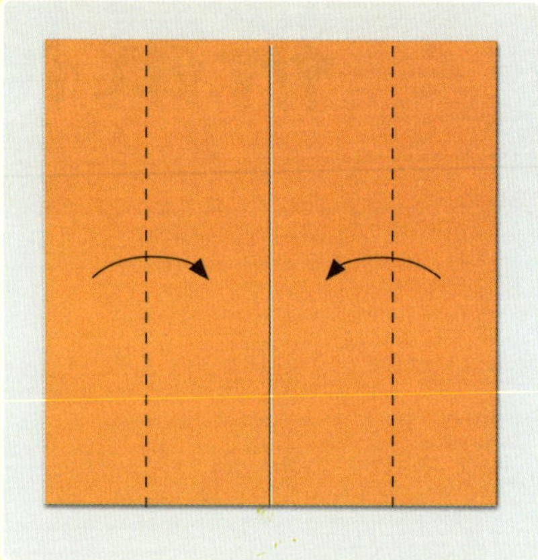

1 使用一张正方形的纸，背面朝上，先将左右两边对折折出折痕，然后将两边向中线折。

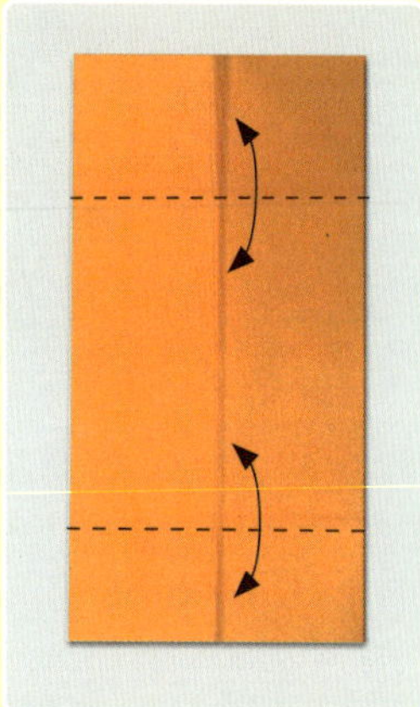

2 先上下对折折出折痕，然后依照虚线将两边向中线折，折后复原留下折痕。

3 先依照虚线折出折痕，然后如图所示，依照折痕朝箭头方向撑开，再压折。

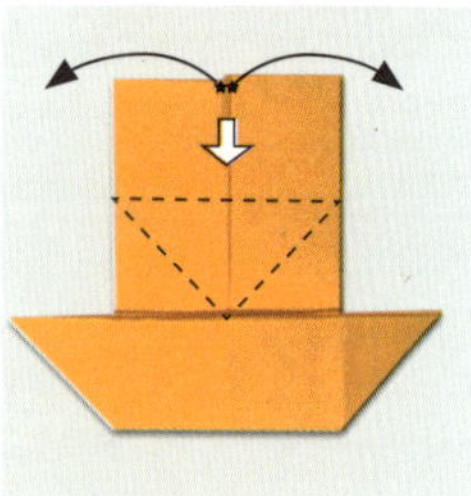

4 依照虚线将两个角朝箭头方向折。

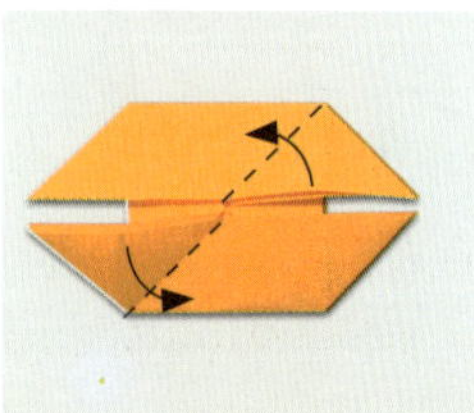

5 如图所示上下两边都撑开压平折好。

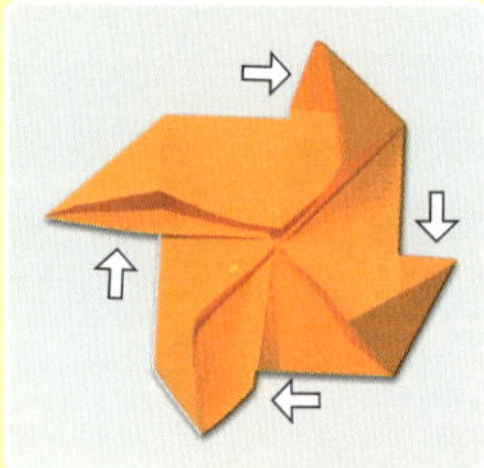

6 折好后，将四个角撑开整理，然后用大头针固定在木棍上。

用嘴对着大风车吹气，或是迎着风跑，大风车就会转起来哟！

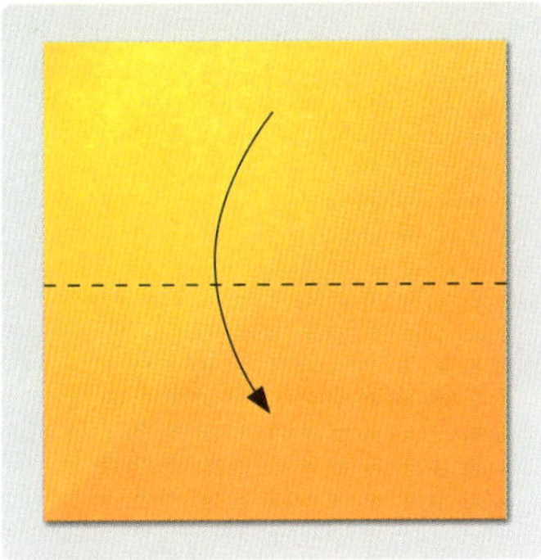

1 使用一张正方形的纸，背面朝上，将上下两边对折。

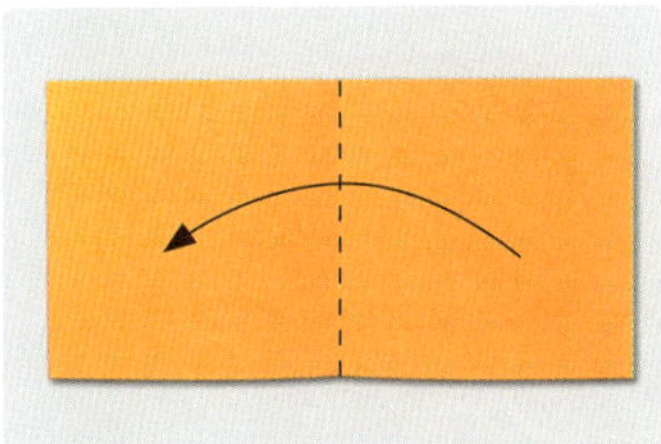

2 依照虚线将左右两边对折。

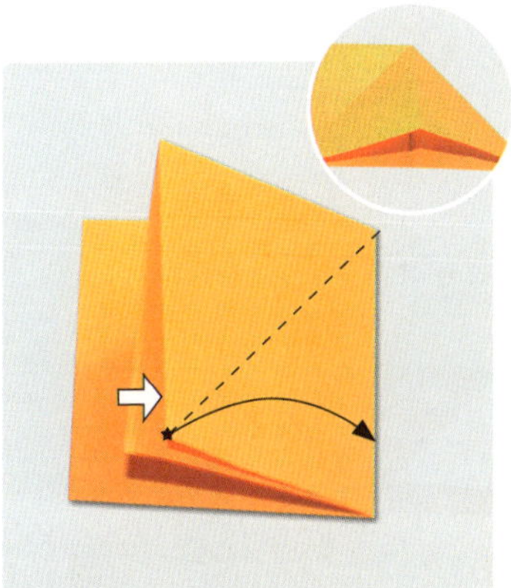

3 先依照虚线折出折痕，然后如图所示，依照折痕朝箭头方向撑开，再压折。

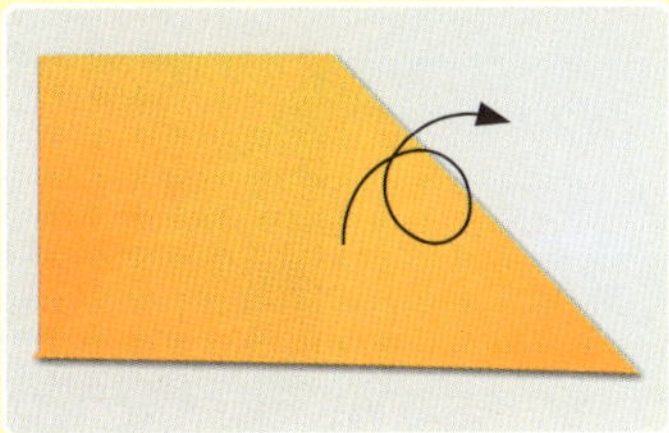

5 折好后，翻转。

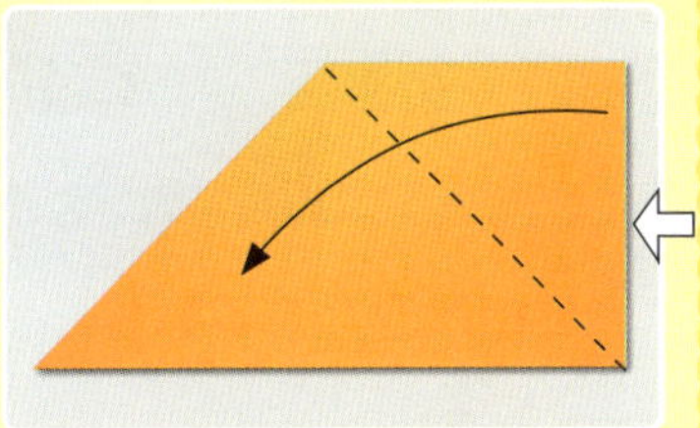

6 先依照虚线折出折痕，然后依照折痕朝箭头方向撑开，再压折。

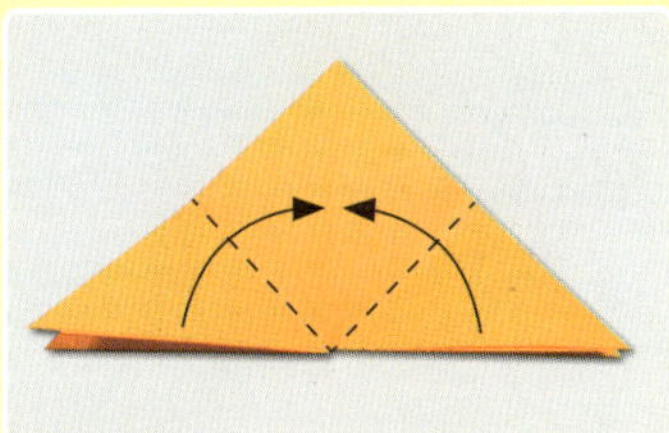

7 折成一个双三角形后，依照虚线将上层的左右两底角向上面的顶角折。

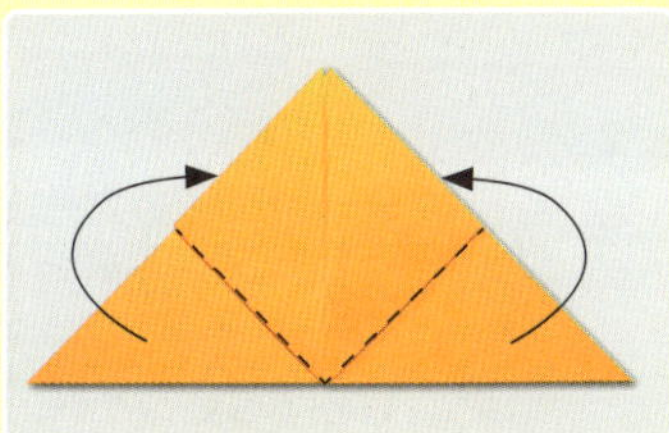

8 依照虚线将下层的左右两底角向背面的顶角折。

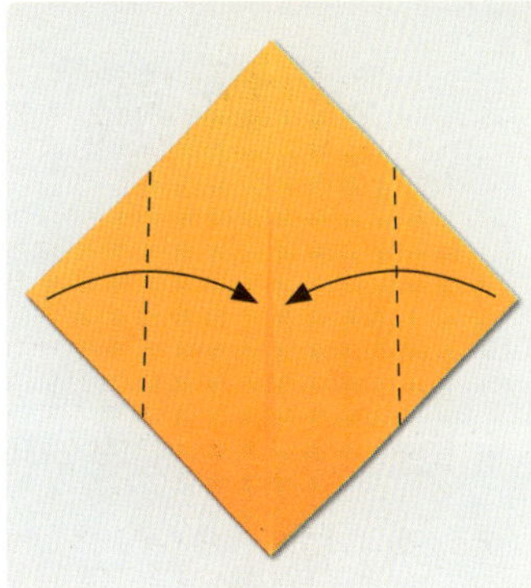

9 依照虚线将上层的左右两角向中线折。

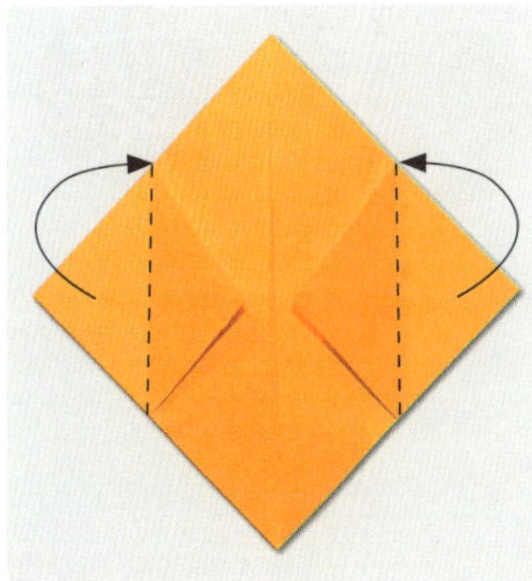

10 依照虚线将下层的左右两角向背面折。

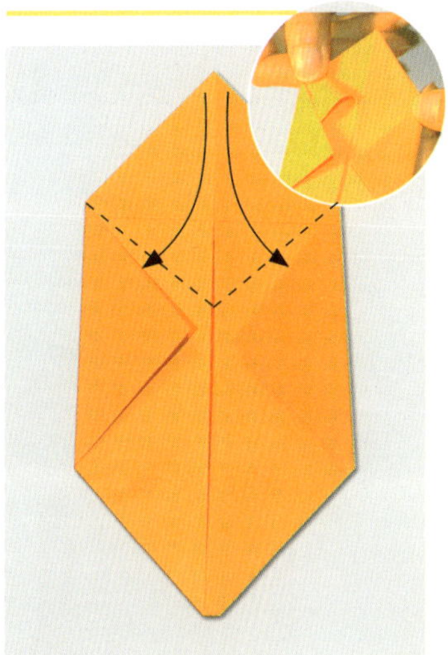

11 依照虚线将上层小三角朝箭头方向插入纸缝。背面也以相同的折法插入纸缝。

用根筷子插入气囊的吹气口中，你觉得像哑铃吗？

12 如图所示，向小孔中用力吹气，吹成气囊，完成。

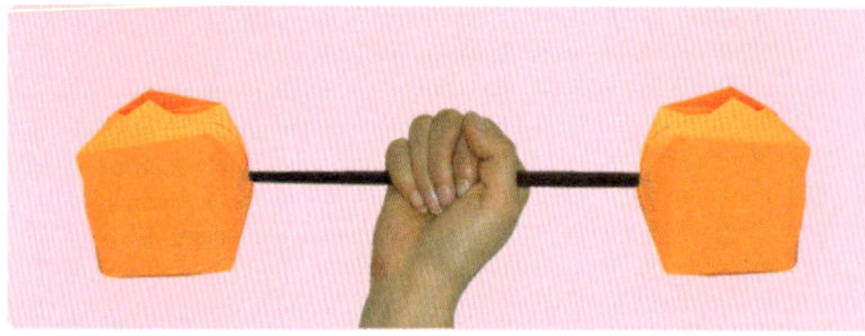

变变变

完成到上页第十步后，进行一下小小的变化，会有一个小惊喜哟！

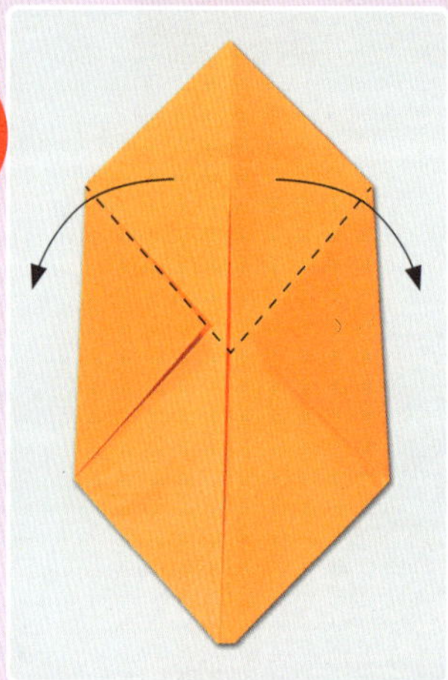

11 依照虚线将上边两顶角朝箭头方向折。

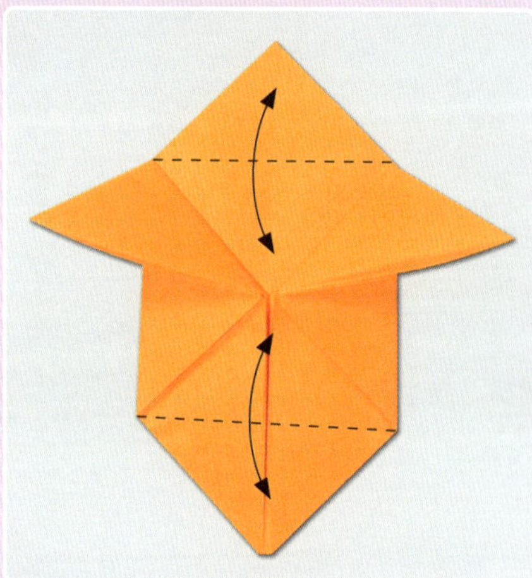

12 依照虚线将顶角和底角折向中心后复原留下折痕。

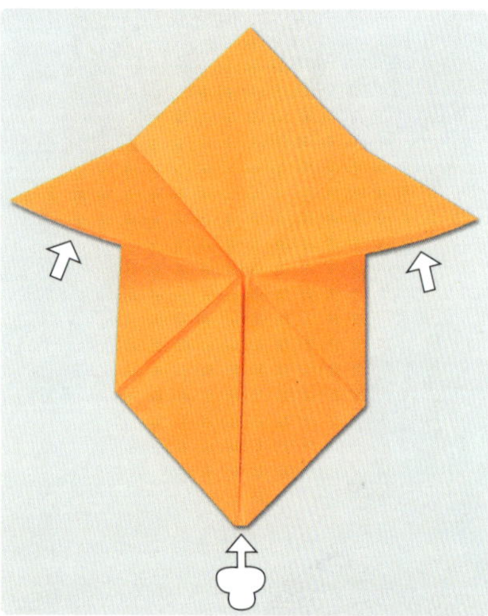

13 向小孔中用力吹气，吹成气囊。将左右两个小三角撑开，整理，便变成了可爱的小兔子。

变变变

折到3页第八步后，再来做个小小的变化。哈哈！这次又有什么小玩意儿出现呢？

9 将两顶角向外打开。

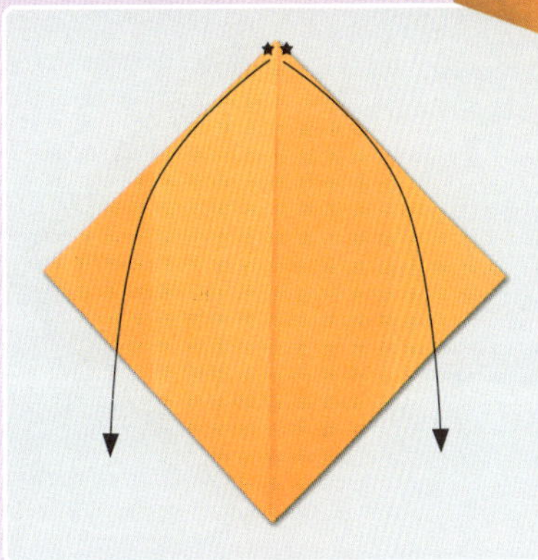

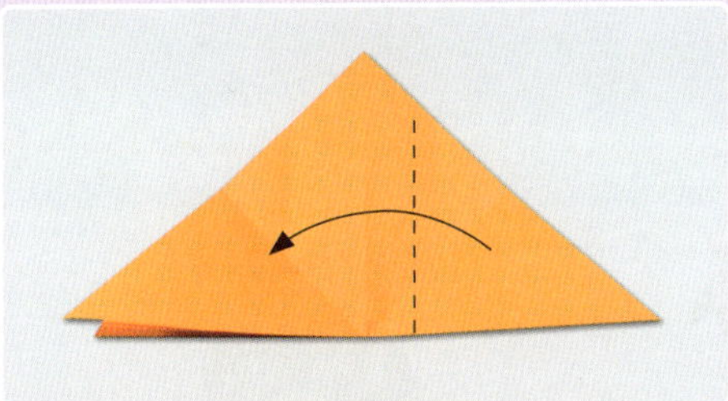

10 依照虚线将右边角朝箭头方向折。

11 如图所示，依照折痕撑开，再压折。

12 依照虚线将左边朝箭头方向折。

13 左边以相同的折法折，折好后，翻转，将背面也以相同的折法将两边折好。

14 向小孔中用力吹气，吹成气囊，整理，完成。

由掌心向上抛起，比比看谁的小天使飞得更高。

抛纸器

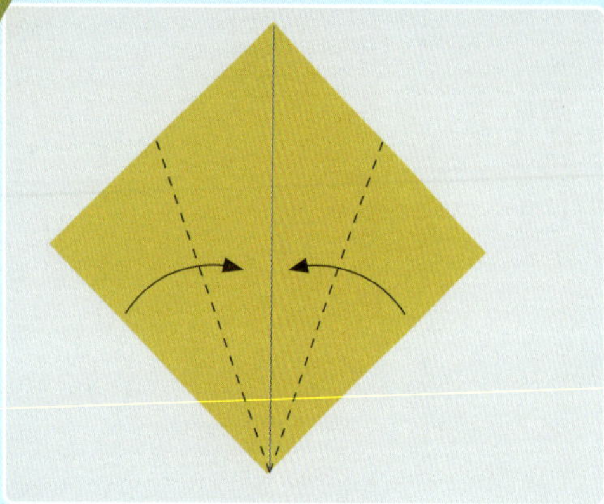

1 使用一张正方形的纸，背面朝上，先左右对折折出折痕，然后将左右两角向中线折。

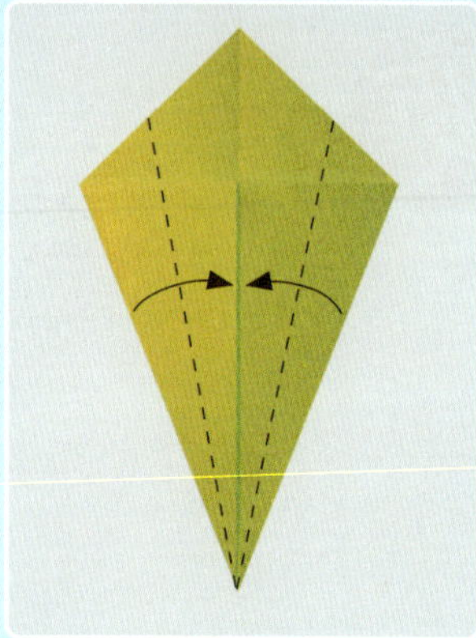

2 依照虚线将两角向中线折。

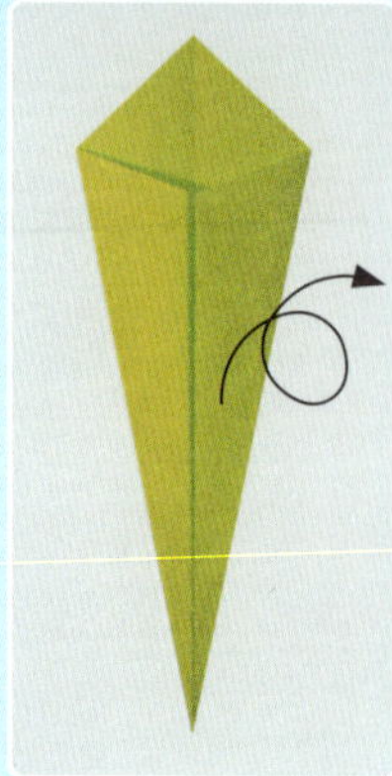

3 折好后，翻转。

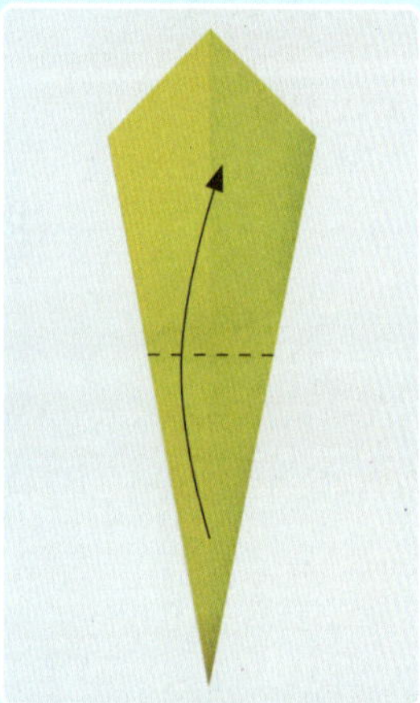

4 依照虚线将底角朝箭头方向折。

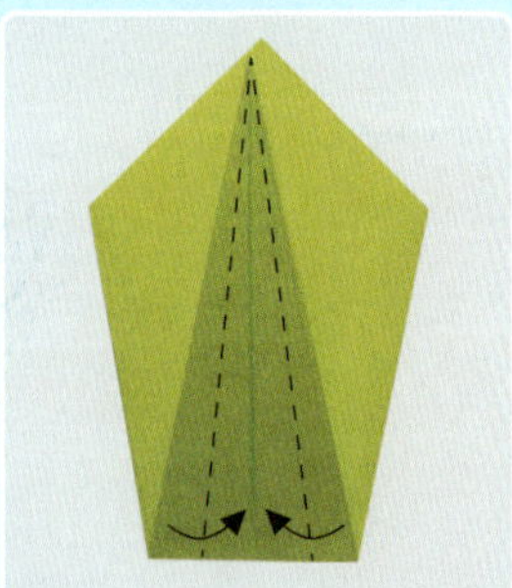

5 依照虚线将上层朝箭头方向折出折痕，然后依照折痕拉开，再压折。

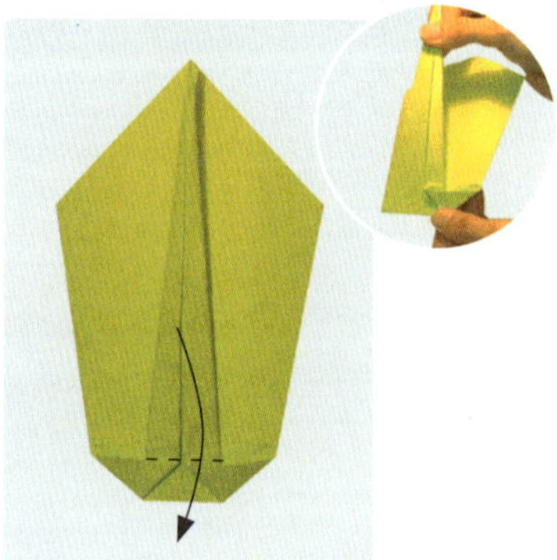

6 依照虚线将上层顶角朝箭头方向折。

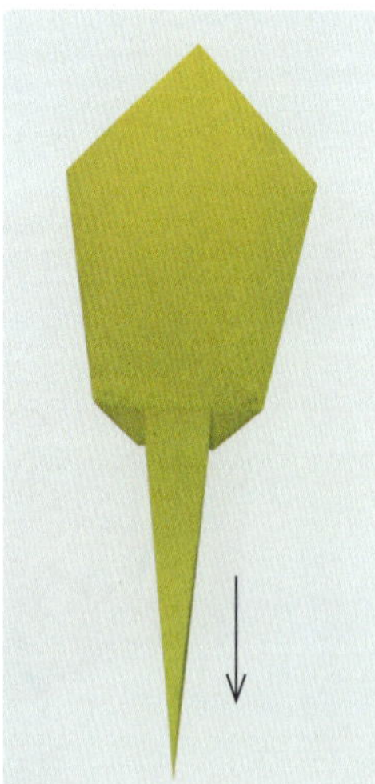

7 用双手向下拉，完成。

我的抛纸器，哈哈，有点像古代的抛石器哟。赶快动手玩玩吧！

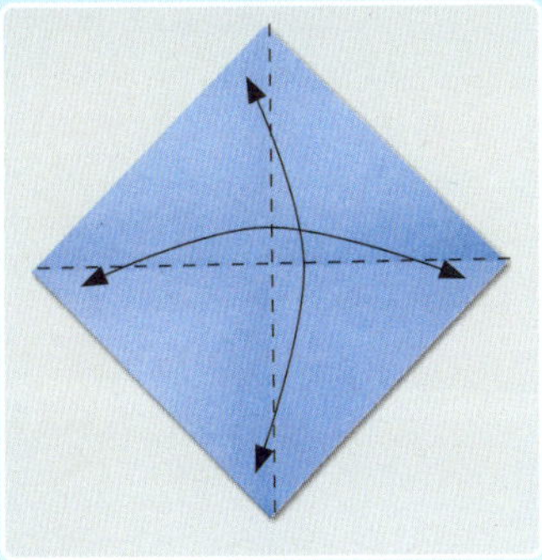

1 使用一张正方形的纸，背面朝上，先左右对折折出折痕，然后将上下对折折出折痕。

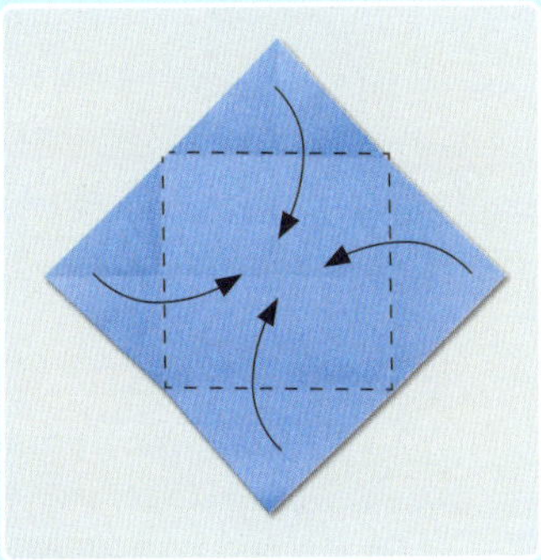

2 依照虚线将四个角向中心折。

3 折好后，翻转。

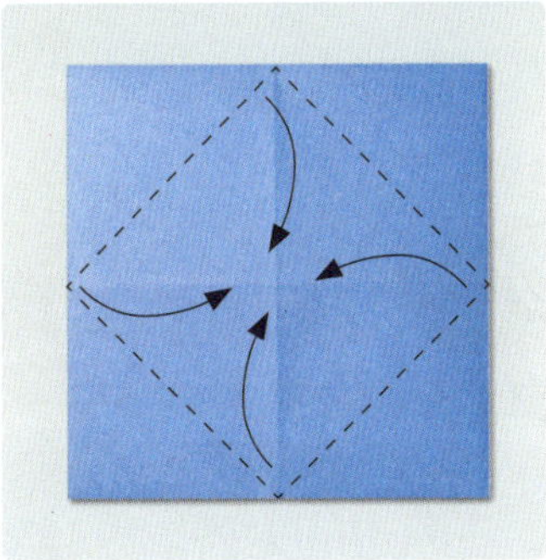

4 依照虚线将四个角向中心折。

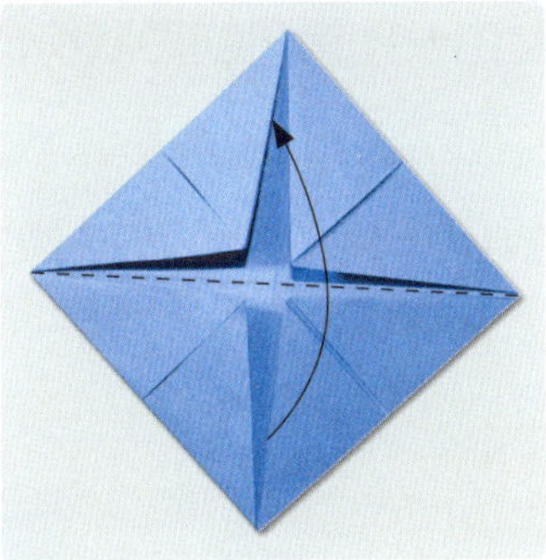

5 依照虚线上下对折。

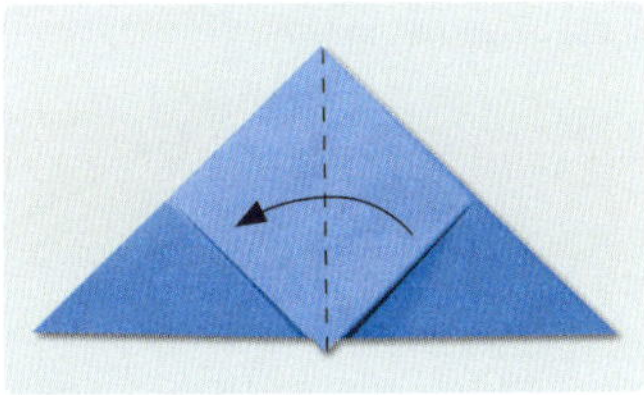

6 依照虚线左右对折。

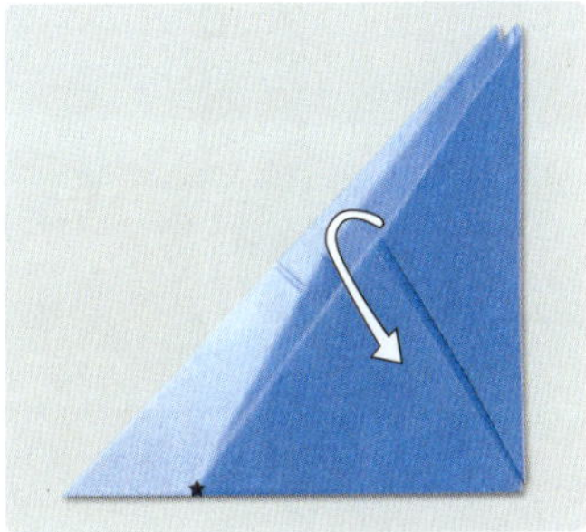

7 依照折痕从中间撑开，再压折。

7 折好后，翻转，另一面以相同的折法折。

8 折成双正方形，然后将四个角向外撑开，完成。

我的小·魔方，上下拉、左右拉会有不一样的心情哟！

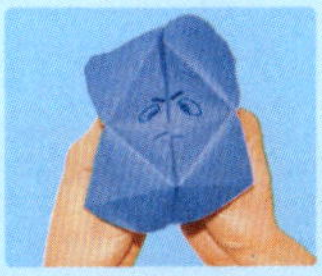

交通工具篇

折纸技巧

在折纸的时候，要注意边的对齐。

双三角形、双正方形、单菱形、双菱形等折法，在很多的折纸过程中会用到。应该先熟练掌握这些基本的折法。一些比较复杂的图案，细分起来，也是由一些常见的形状构成。

如果所折的图案中涉及到双三角形、双正方形、单菱形、双菱形等折法，最好是先折出折痕，再依照折痕折会更容易得到所需要的图形。

公共汽车

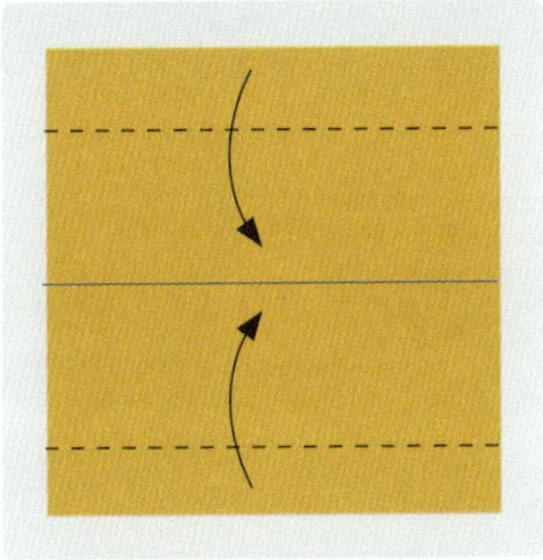

1 使用一张正方形的纸，背面朝上，先将上下边对折出折痕，然后依照虚线将两边向中间折。

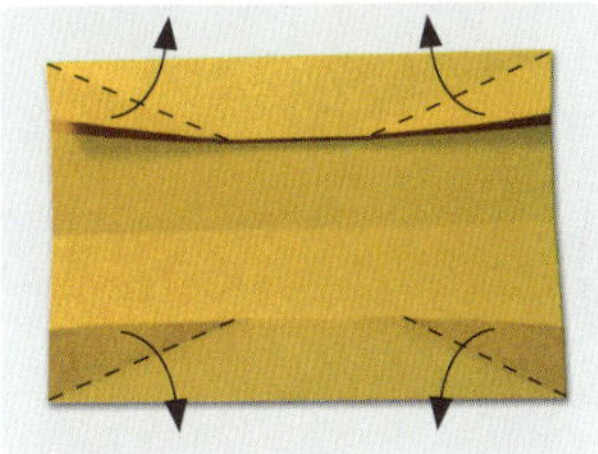

2 依照虚线将四个角往外折。

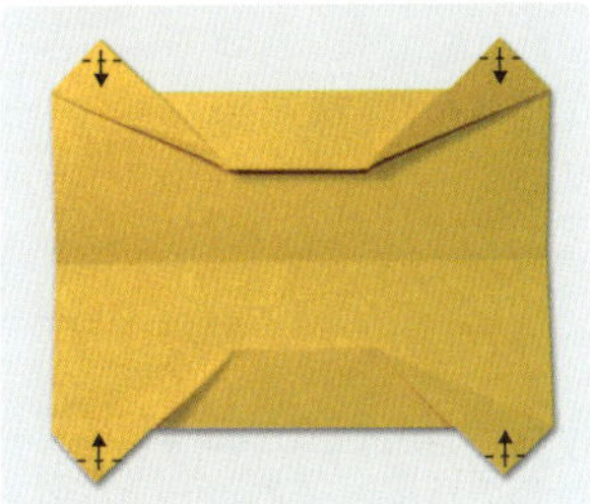

3 依照虚线将四个顶角朝箭头方向折。

4 依照虚线将上下两边对折。

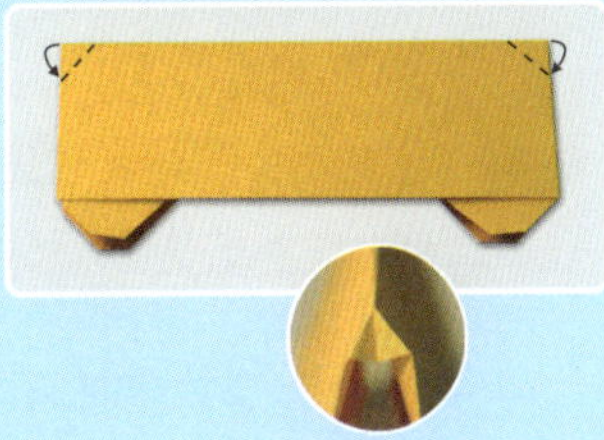

5 如图所示，依照虚线将两角向内压折，然后画上门和窗户，完成。

公共汽车，绿色出行从我做起！

越野车

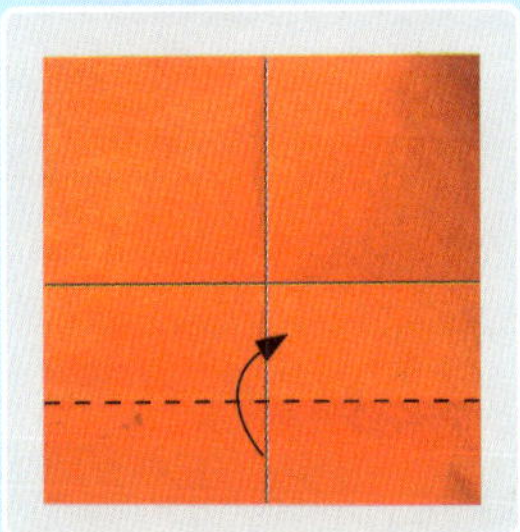

1 使用一张正方形的纸，背面朝上，先折十字形折痕，然后依照虚线将下边向中线折。

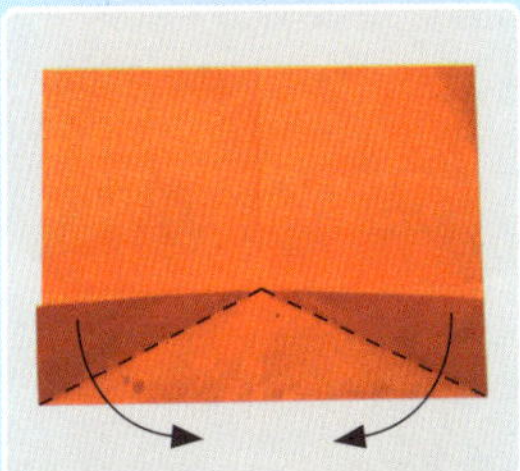

2 依照虚线将下边两角朝箭头方向折。

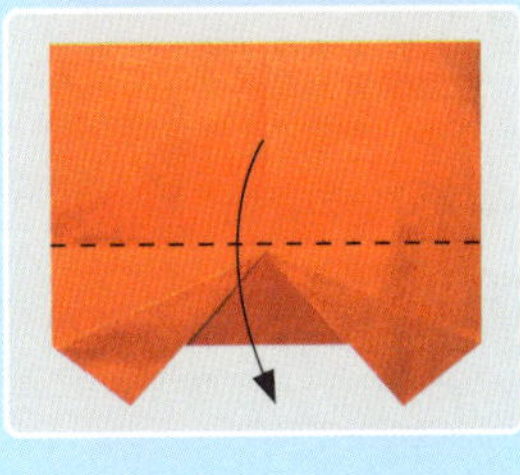

3 依照中心线将上边朝箭头方向折。

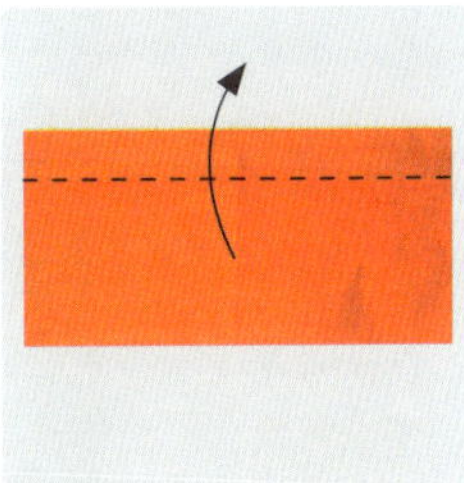

4 依照虚线将上层向上折。

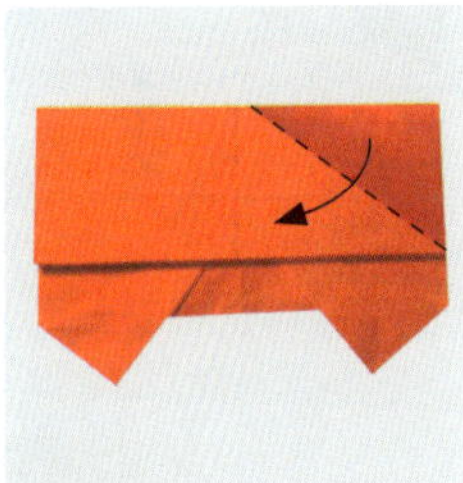

5 依照虚线将右边顶角朝箭头方向折。

越野车，载着爸爸妈妈一起出游去！

6 折好后，翻转，画上门和窗，完成。

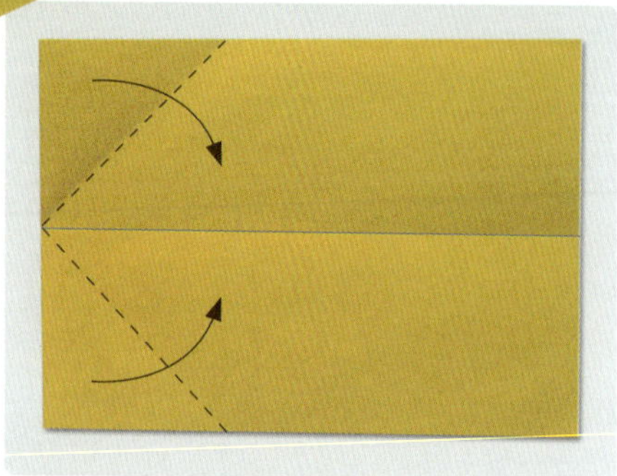

1 使用一张长方形的纸，正面朝上，先将上下边对折出折痕，然后依照虚线将左边两角向中线折。

2 折好后，翻转。

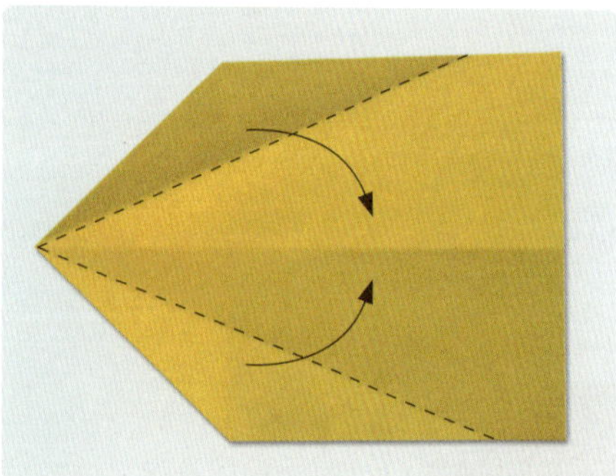

3 依照虚线将两顶角向中线折。

4 将背面的两角向外拉。

5 依照虚线将小方形左右对折。

6 依照虚线将下边向背面对折。

7 依照虚线朝箭头方向折，背面以相同的折法向下折，机翼就展开了，完成。

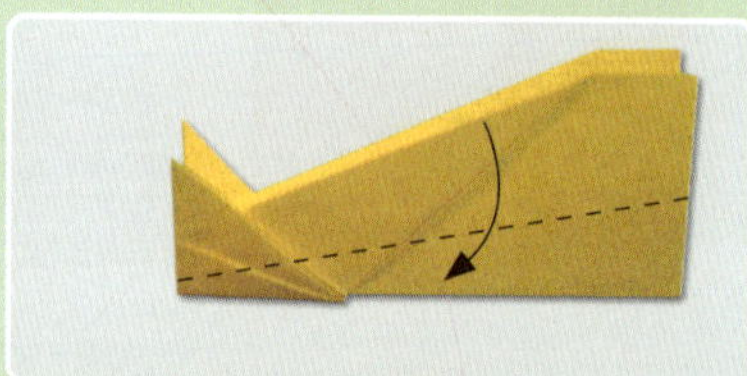

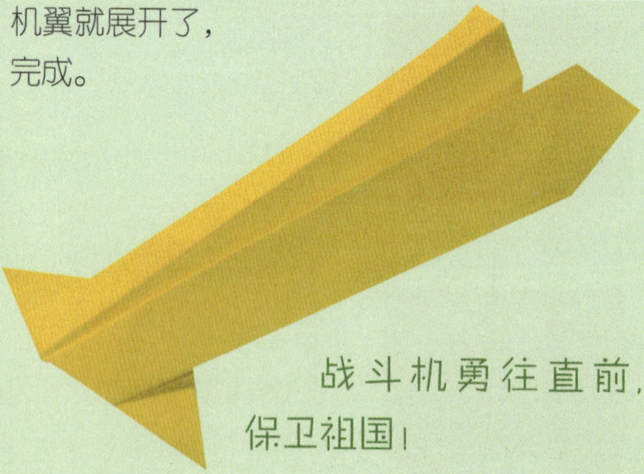

战斗机勇往直前，保卫祖国！

1 使用一张长方形的纸，正面朝上，先将上下边对折出折痕，然后依照虚线将左边两角向中线折。

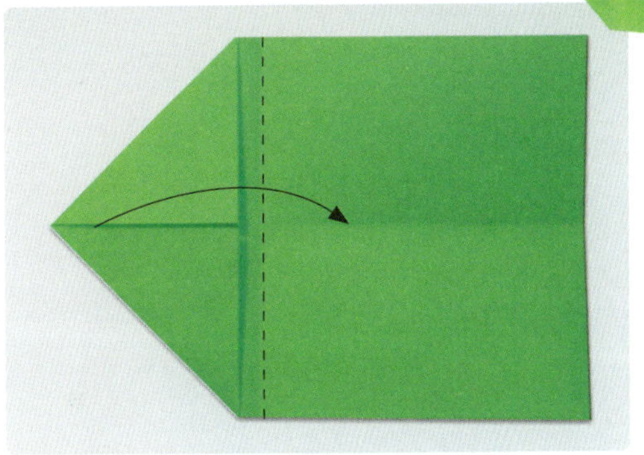

2 依照虚线将左边顶角朝箭头方向折。

3 依照虚线将两角向中线折。

4 依照虚线将角朝箭头方向折。

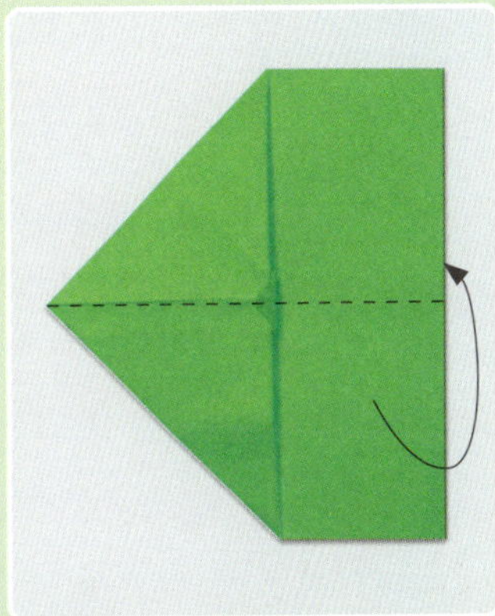

5 依照虚线将下边向背面对折。

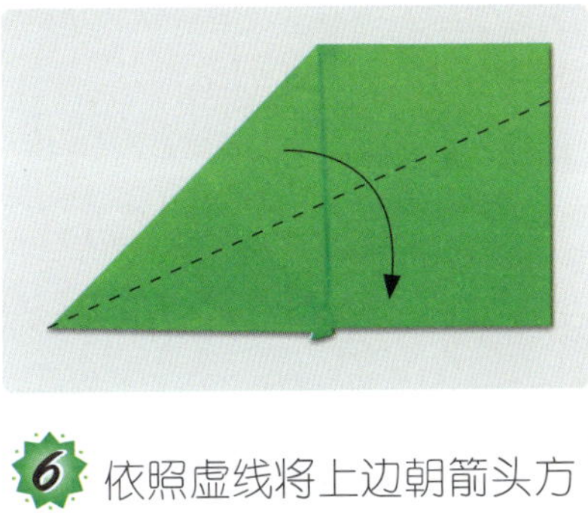

6 依照虚线将上边朝箭头方向折，背面以相同的折法向下折，机翼就展开了，完成。

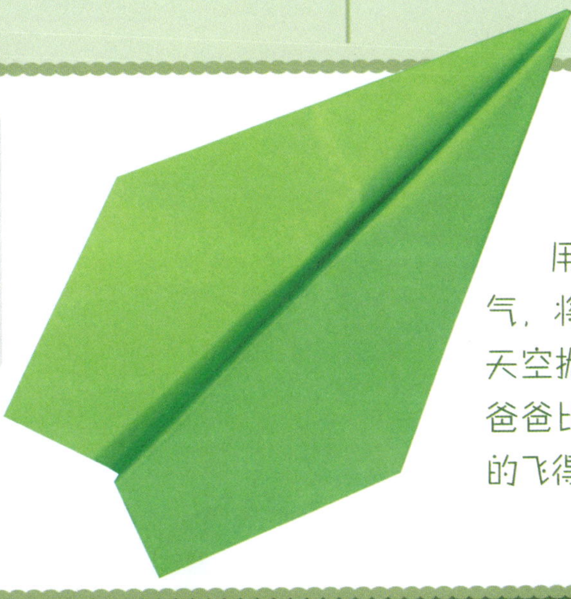

用嘴呵口气，将飞机向天空抛去，和爸爸比比，谁的飞得更远。

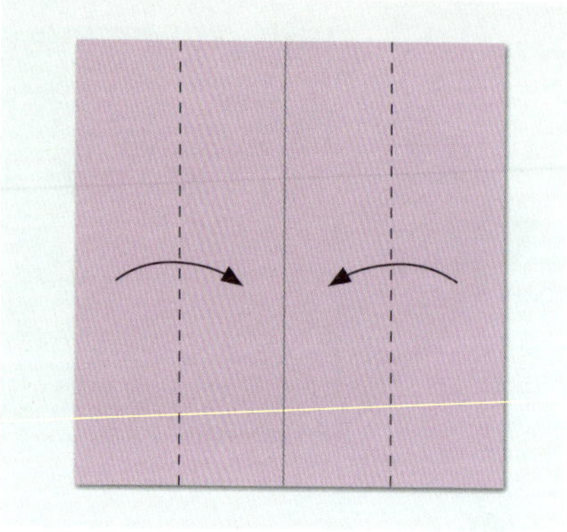

1 使用一张正方形的纸，背面朝上，先左右对折出折痕，然后将两边向中线折。

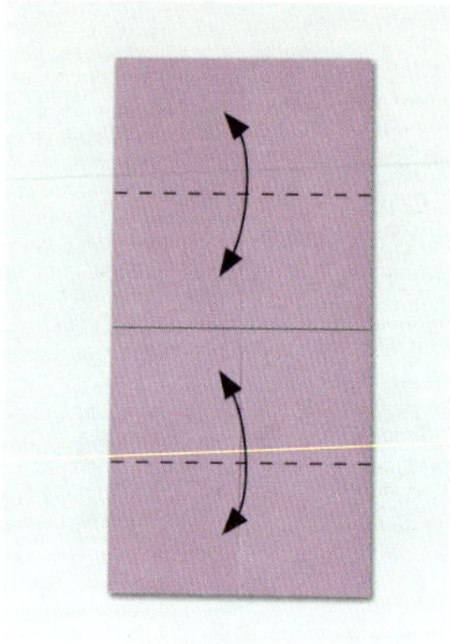

2 先上下对折折出折痕，然后依照虚线将两边向中线折，折后复原留下折痕。

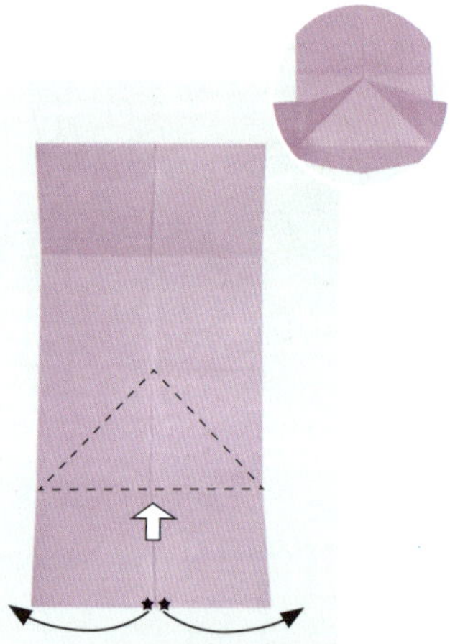

3 先依照虚线折出折痕，然后如图所示，依照折痕朝箭头方向撑开，再压折。

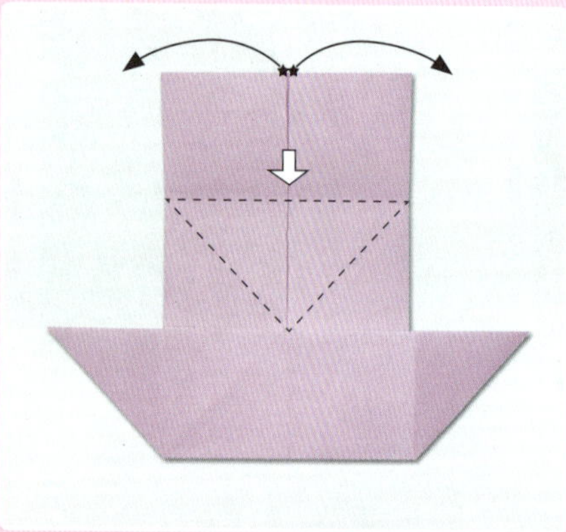

4 先依照虚线折出折痕，然后依照折痕朝箭头方向撑开，再压折。

5 折好后将一边由中心向背面折。

让我们荡起双桨，小船儿推开波浪，轻轻飘荡在水中！

变变变

折到左边页第四步后，让我们来做一个小小的变化，会折出另一种不同的船，一起来试试吧！

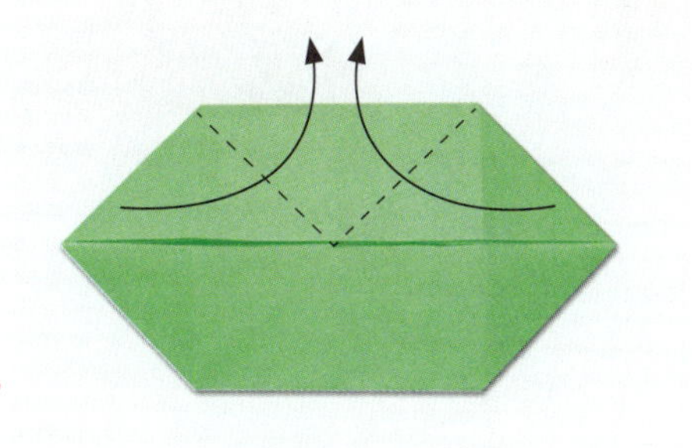

5 依照虚线将上层左、右两角向上折。

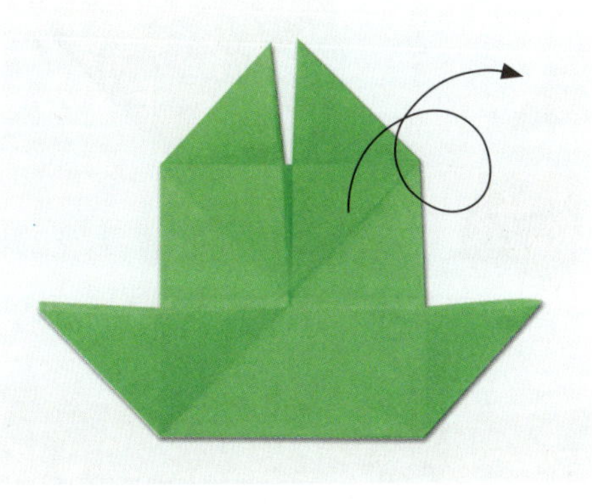

6 折好后，翻转。

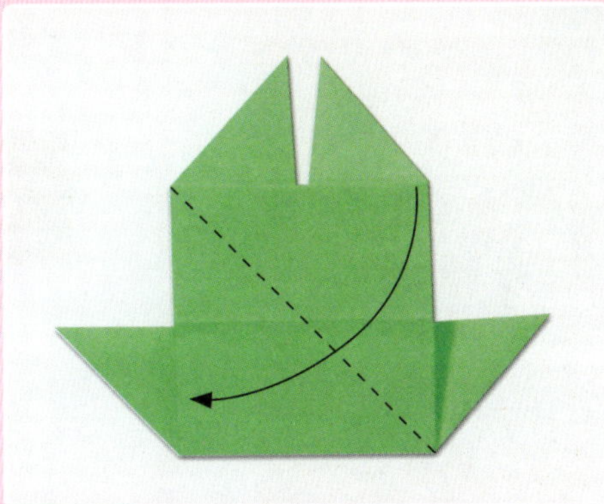

7 依照虚线将上层朝箭头方向折。

8 整理一下，完成。

船要启航了，邀请爸爸妈妈一起周游世界吧！

小舟

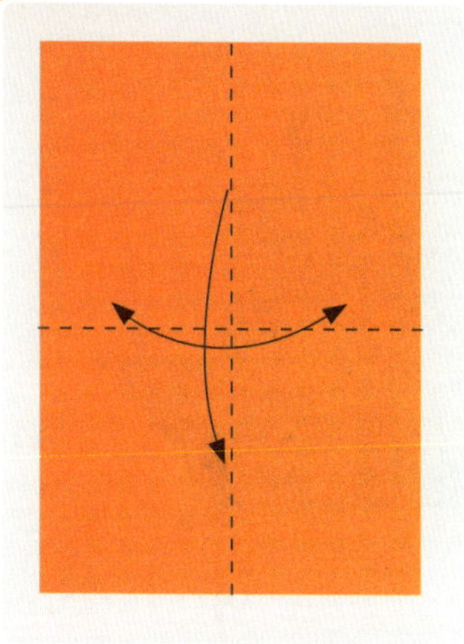

1 使用一张长方形的纸，背面朝上，先左右对折折出折痕，然后上下对折。

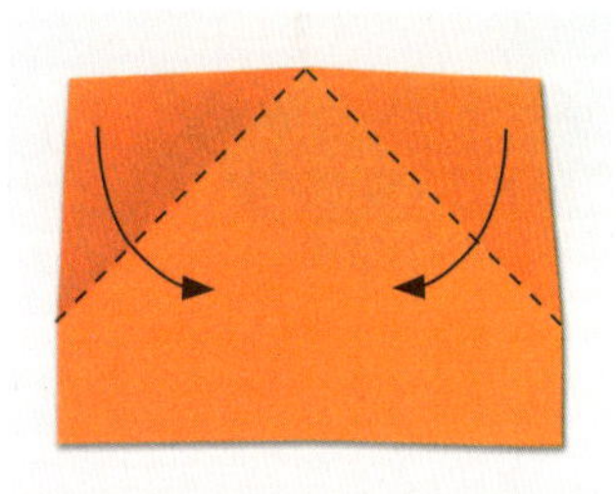

2 依照虚线将左右两顶角向中线折。

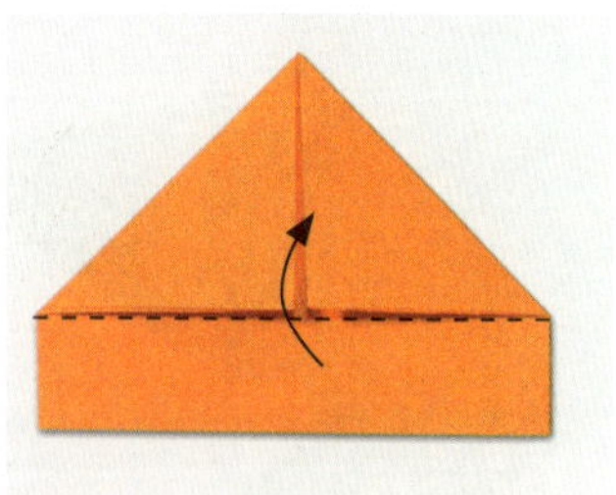

3 依照虚线将下边朝箭头方向折。

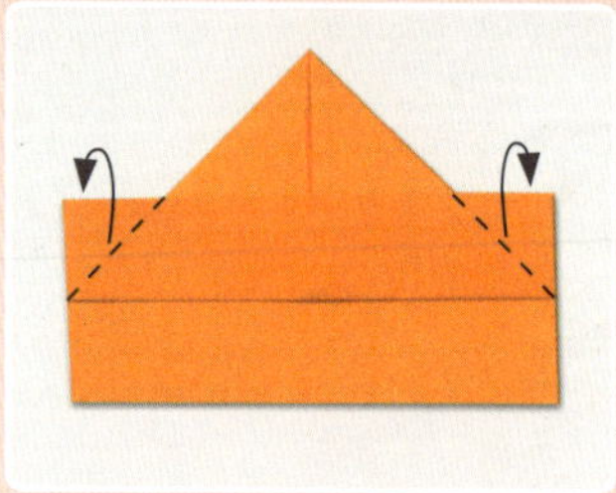

4 依照虚线将两角向背面折。

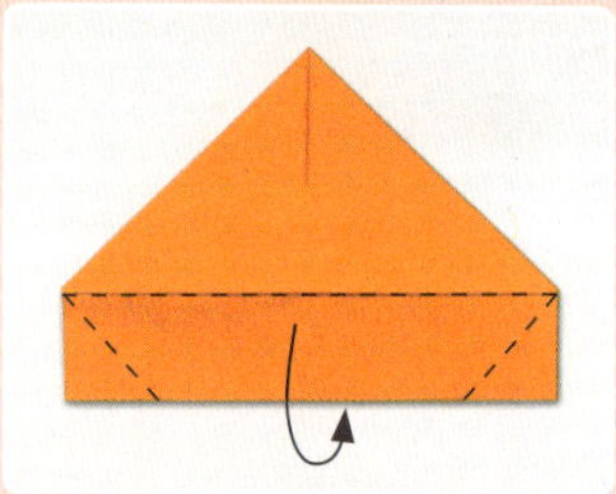

5 依照虚线将下边向背面折，并将两角向前面折，即成中空状。

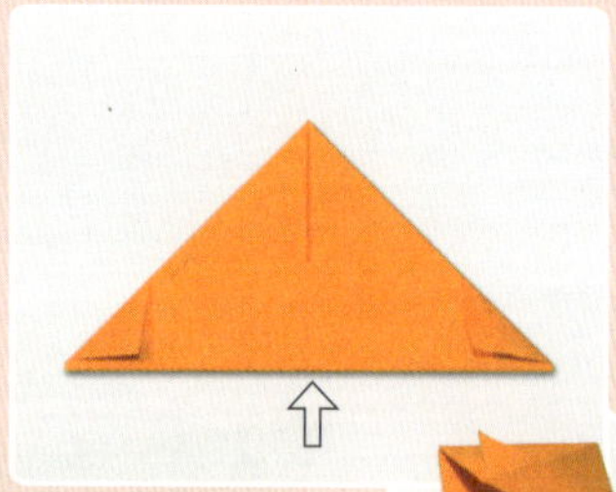

6 如图所示撑开，再压折。

这艘小船的折法是爸爸妈妈小时候最流行的折法！

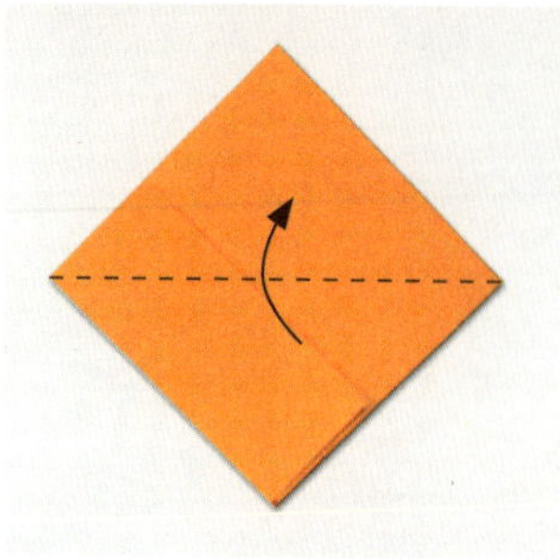

7 依照虚线朝箭头方向折，背面以相同折法折。

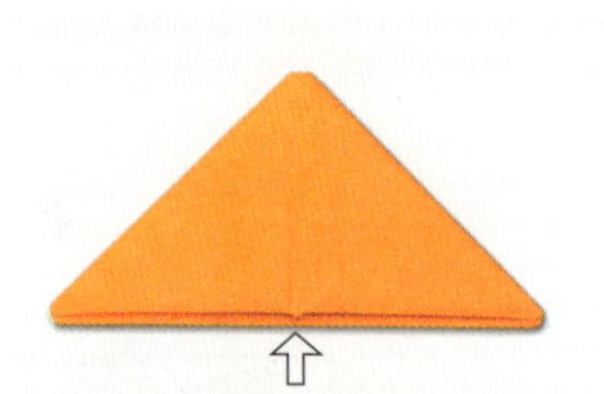

8 折好后，撑开，再压折。

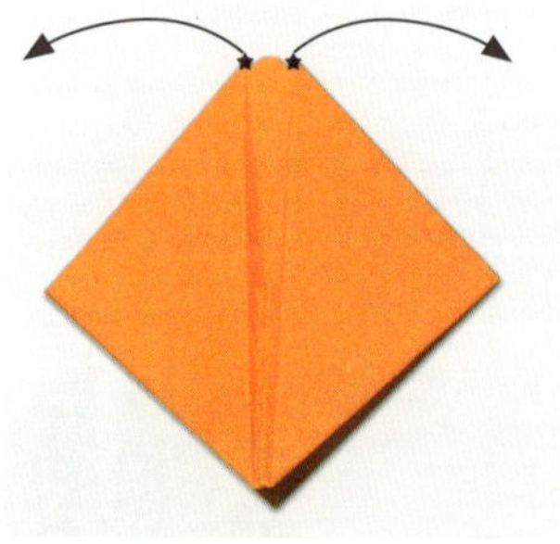

9 两边朝箭头方向撑开，用手调整底部，完成。

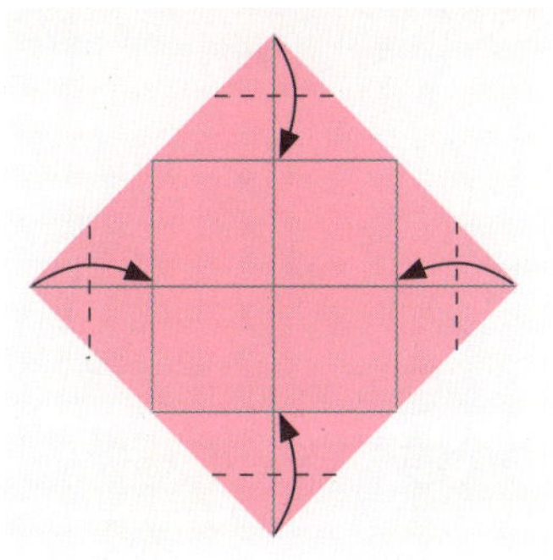

1 使用一张方形的纸，背面朝上，先折十字形折痕，然后将四个角向中心折，再依照虚线将四个角朝箭头方向折。

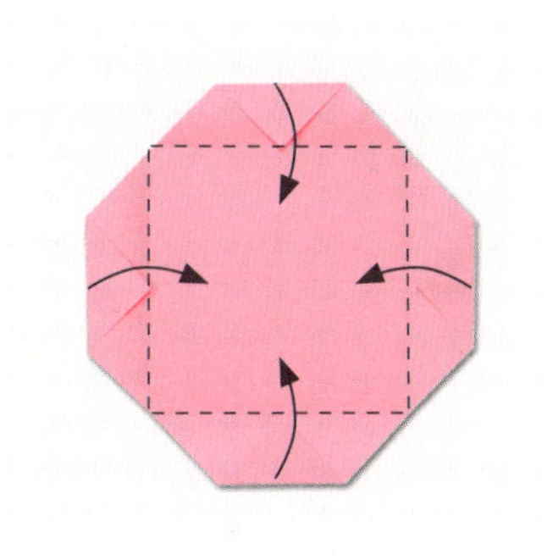

2 依照虚线将四边朝箭头方向折。

3 折好后，翻转。

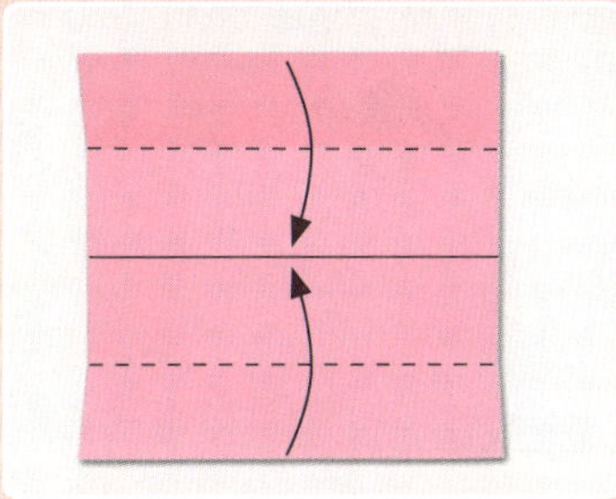

4 依照虚线将上下两边向中线折。

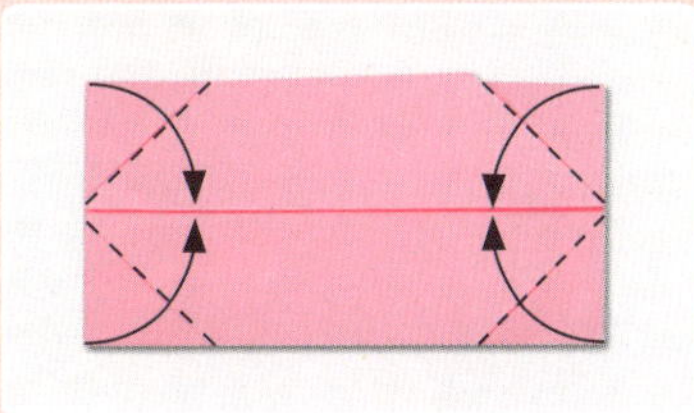

5 依照虚线将四个角朝中线折。

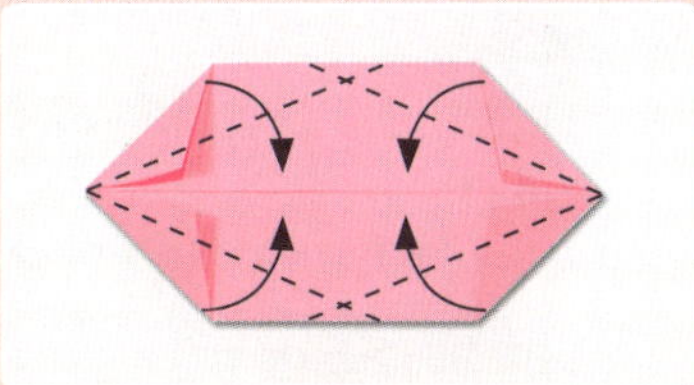

6 依照虚线将四个角朝中线折。

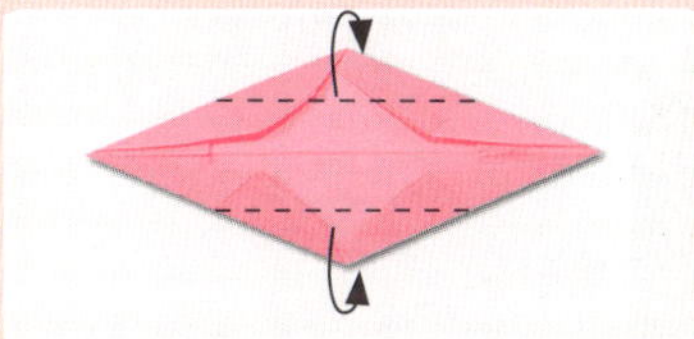

7 依照虚线，将上下两角向背面折。

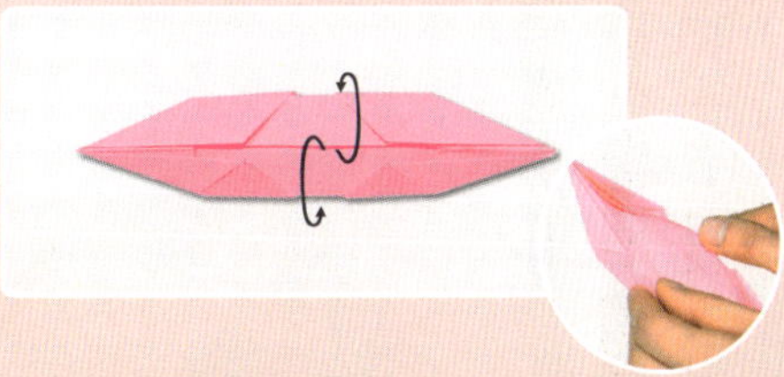

8 如图所示撑开。

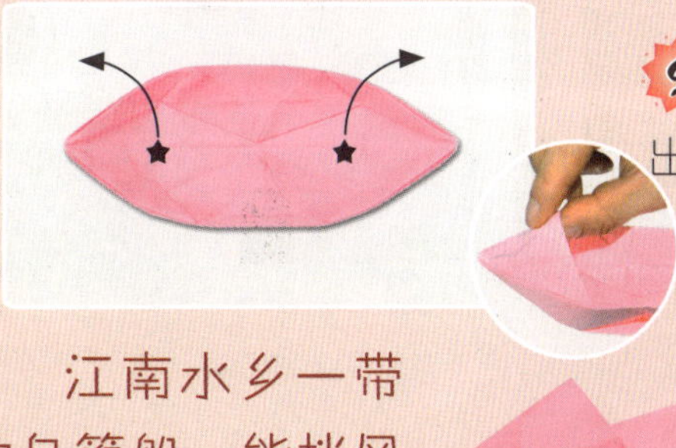

9 如图所示拉出两头。

江南水乡一带的乌篷船，能挡风避雨。

折纸技巧

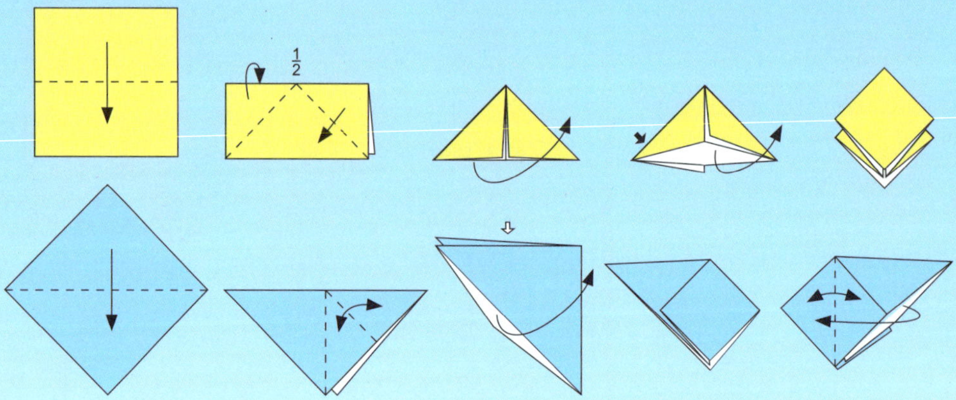

双正方形折纸技巧

折双正方形的方法有上边两种，依照虚线前后对折一下，留下折痕。依折痕向内压入或是向外撑开都可得到双正方形。

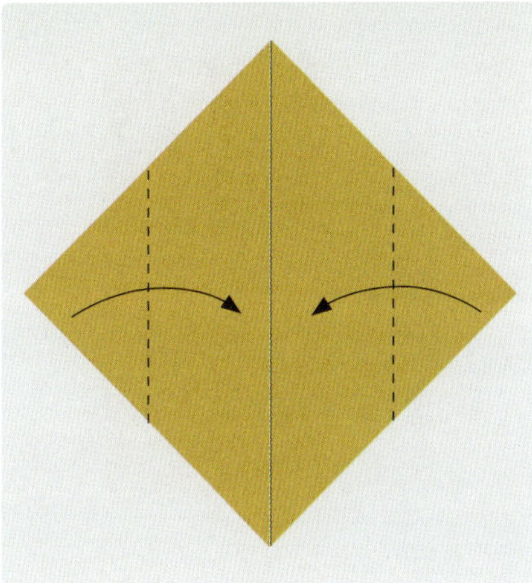

1 使用一张正方形的纸，背面朝上，先左右两角对折折出折痕，然后将左右两角向对角线折。

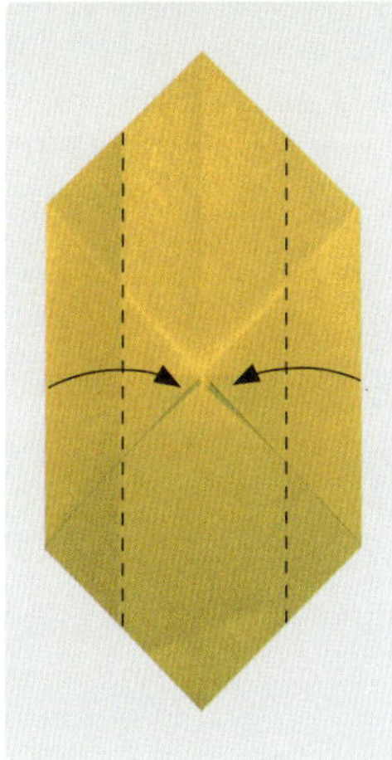

2 依照虚线将左右两边向对角线折。

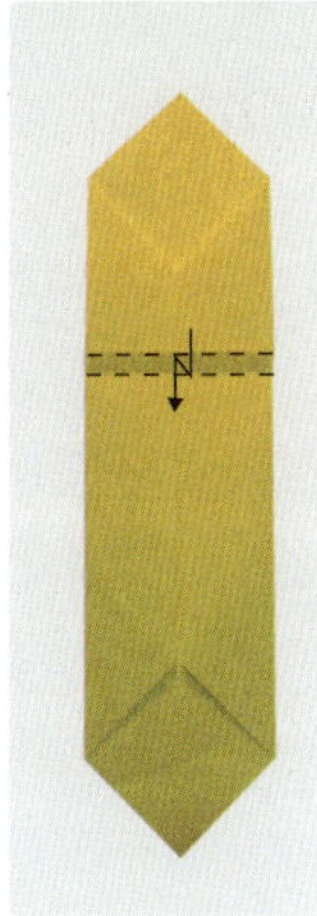

3 依照虚线进行曲折。

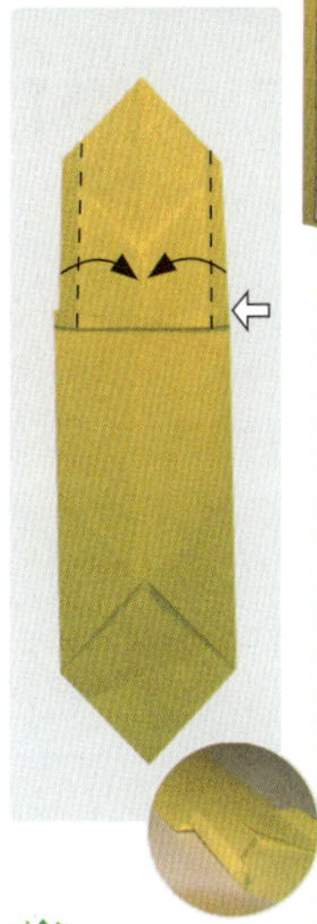

4 先依照虚线折出折痕，然后如图所示，将两角向内压折。

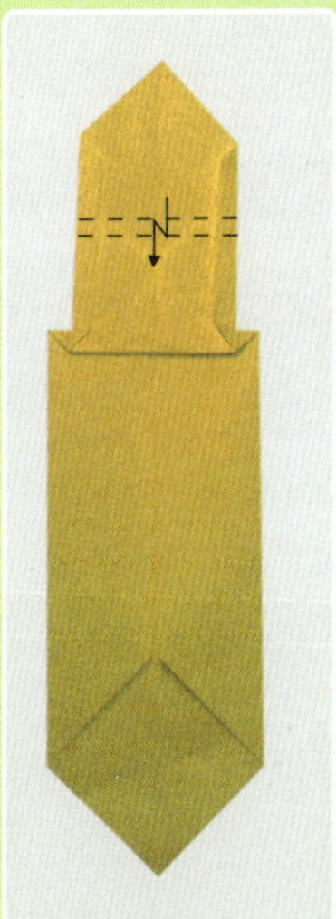

5 依照虚线进行曲折。

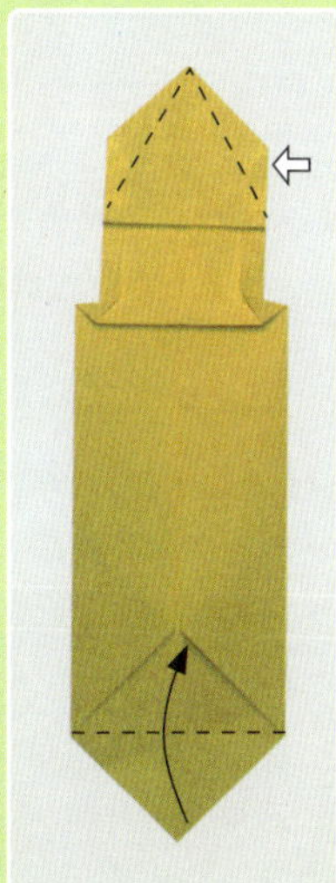

6 依照虚线将两角向内压折，将底部往上折。

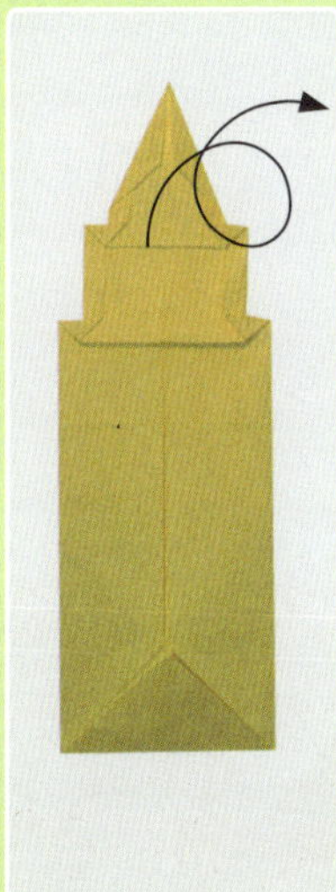

7 折好后，翻转，画上门和窗户，完成。

世界上最高大的摩天大楼尽在我的掌中。

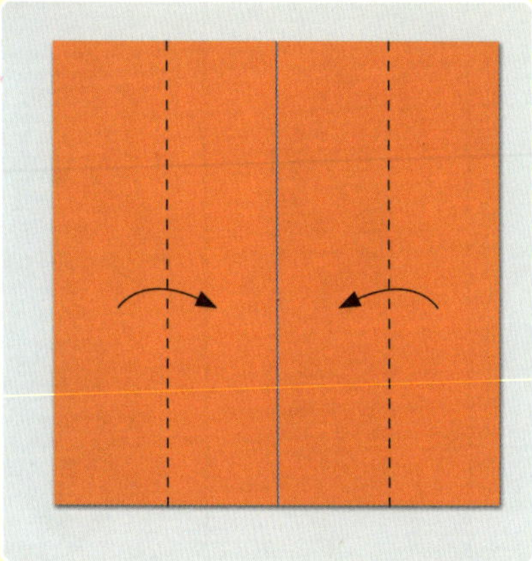

1 使用一张正方形的纸，背面朝上，左右两边对折折出折痕，然后将左右两边向中线折。

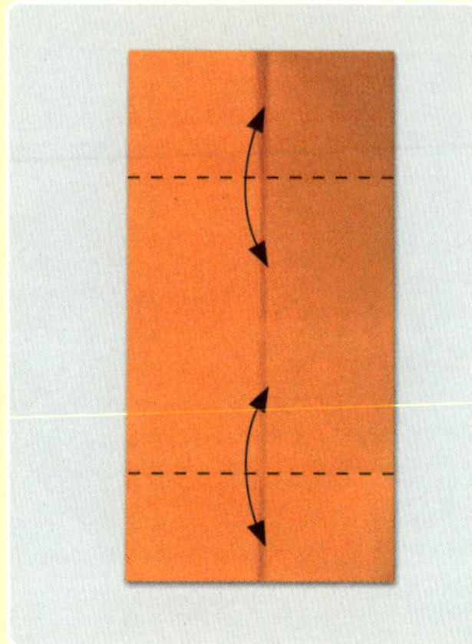

2 先上下对折折出折痕，然后依照虚线将两边向中线折，然后复原留下折痕。

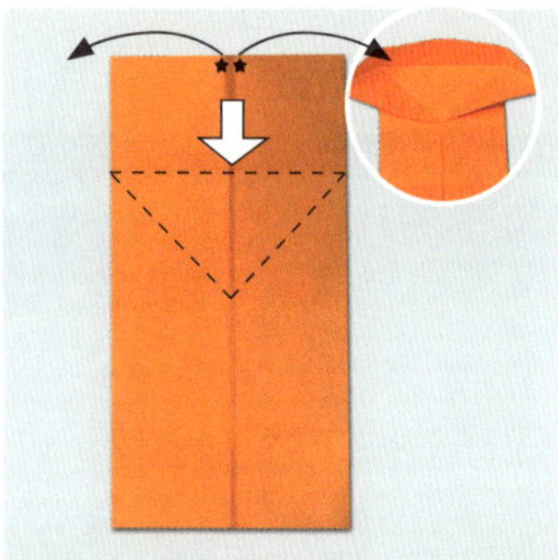

3 先依照虚线折出折痕，然后如图所示，依照折痕朝箭头方向撑开，再压折。

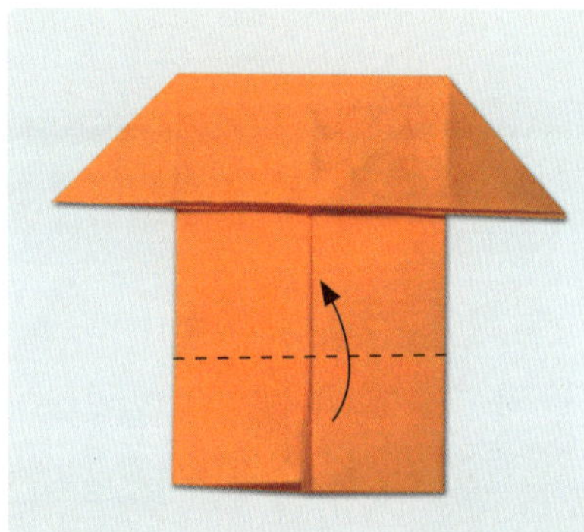

4 依照虚线将下边朝箭头方向折。

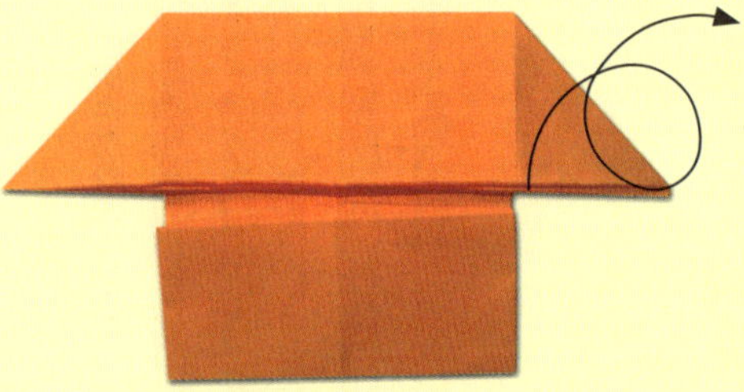

5 折好后，翻转，画上门和窗，完成。

农场的小农舍，步骤很简单，赶快动手试试吧。

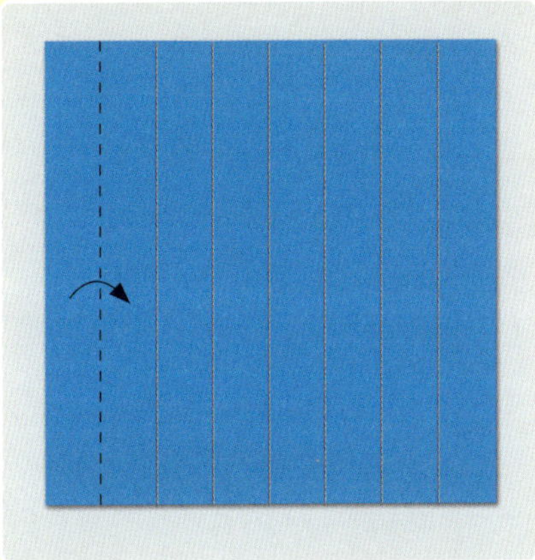

1 使用一张方形的纸，背面朝上，先如图所示将纸平分八等份，然后依照虚线将左边 1/8 处朝箭头方向折。

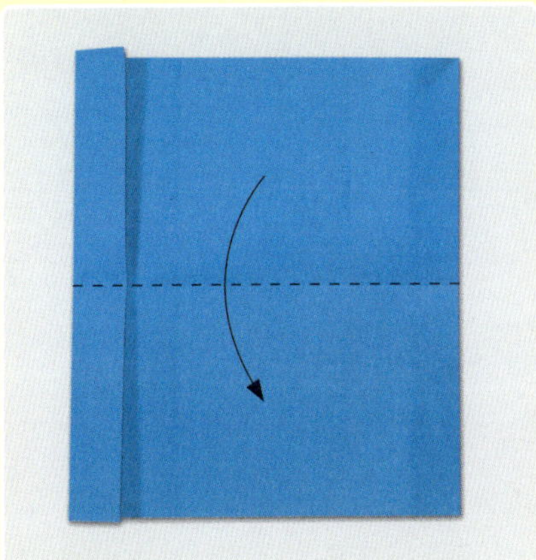

2 依照虚线将上下两边对折。

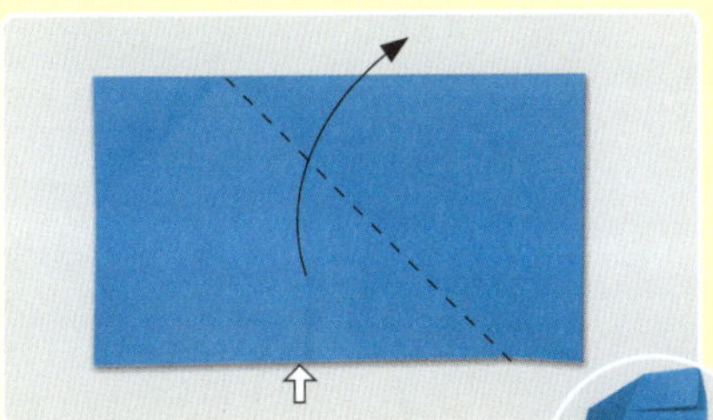

3 先依照虚线折出折痕，然后如图所示，依照折痕箭头方向撑开，再压折。

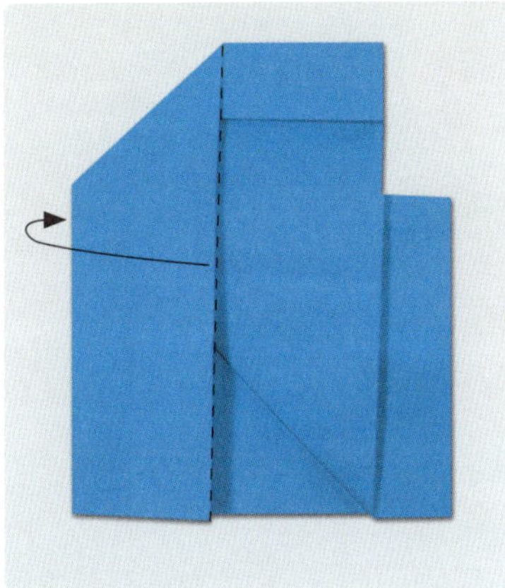

4 依照虚线将左边向背面折。

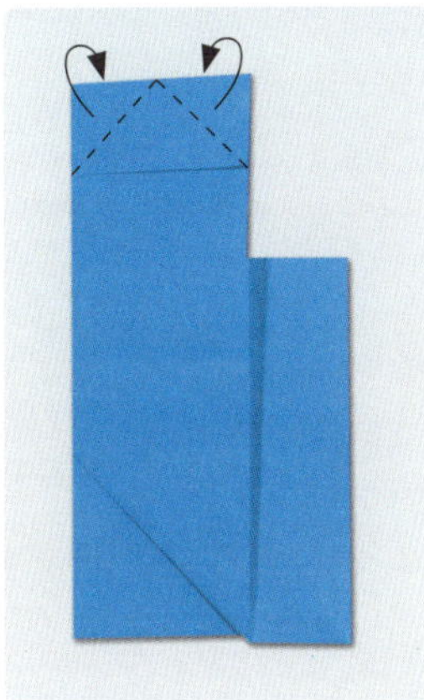

5 依照虚线将两顶角向背面折。

多折几个，就可以建成一个生活小区了。

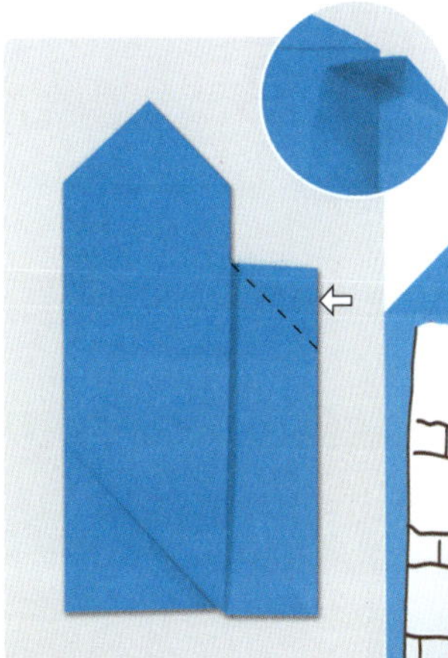

6 先依照虚线折出折痕，然后依照折痕将右边顶角向内压折。画上门和窗，完成。

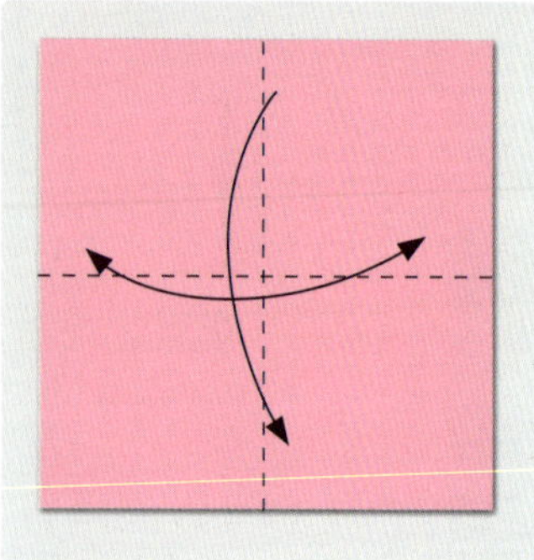

1 使用一张正方形的纸，背面朝上，先左右两边对折折出折痕，然后将上下两边对折。

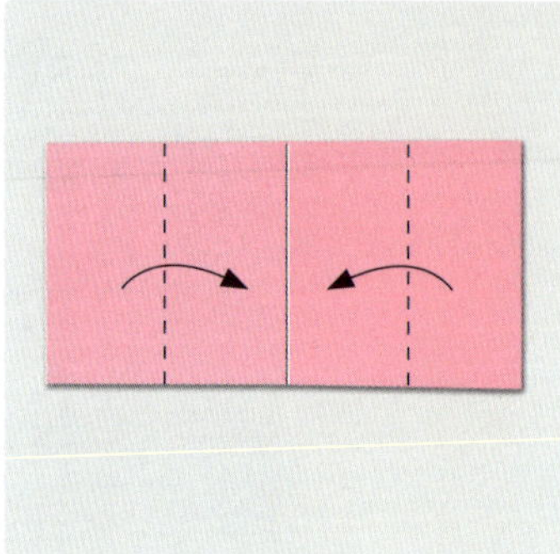

2 依照虚线将左右两边向中线折。

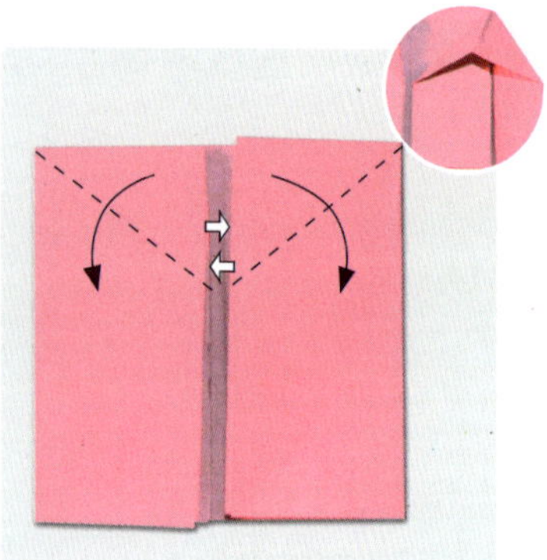

3 先依照虚线折出折痕，然后如图所示，依照折痕朝箭头方向撑开，再压折。

4 折好后画上门和窗户，完成。

用自己喜欢的颜色建一个四合院，是很有意思的哟！动手试试吧，很简单的。

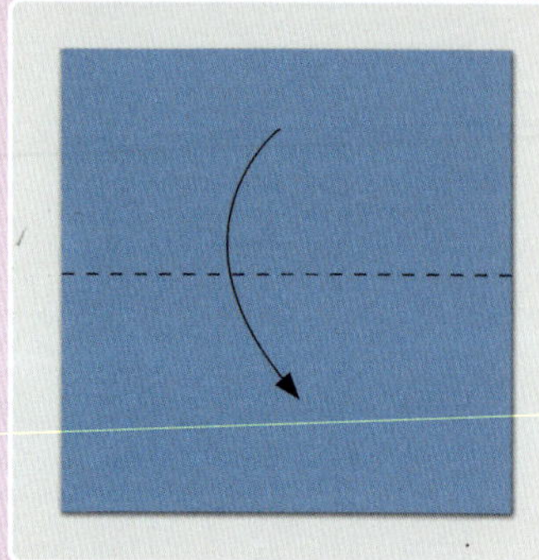

1 使用一张正方形的纸，背面朝上，依照虚线将上下两边对折。

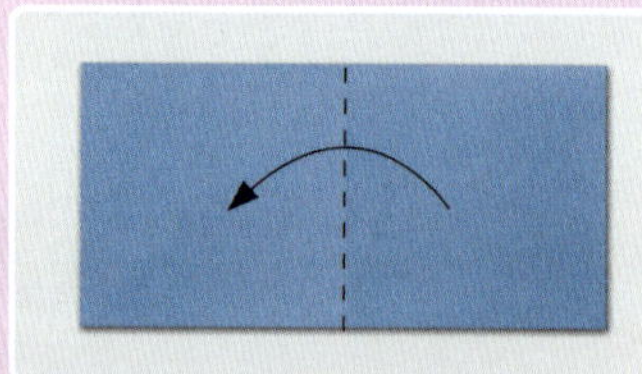

2 依照虚线将左右两边对折。

3 先依照虚线折出折痕，然后如图所示，依照折痕朝箭头方向撑开，再压折。

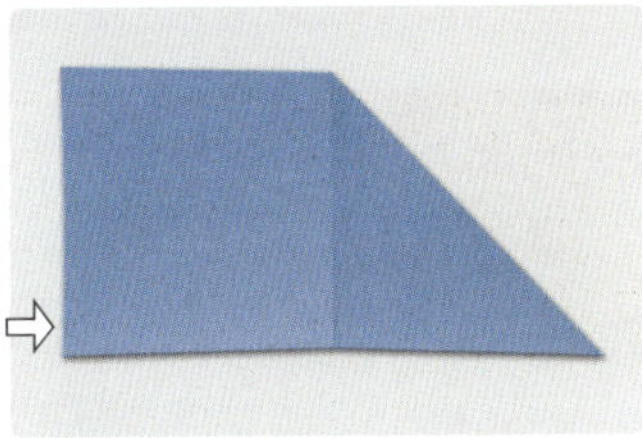

4 折好后，翻转，背面以相同的折法依照折痕朝箭头方向撑开，再压折。

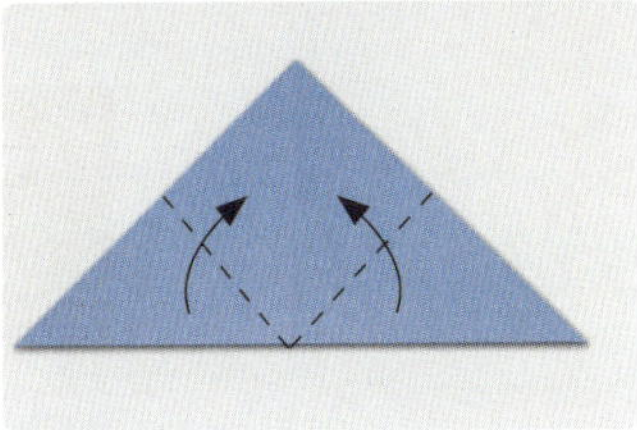

5 折成一个双三角形后，依照虚线将上层左右两角向顶角折。

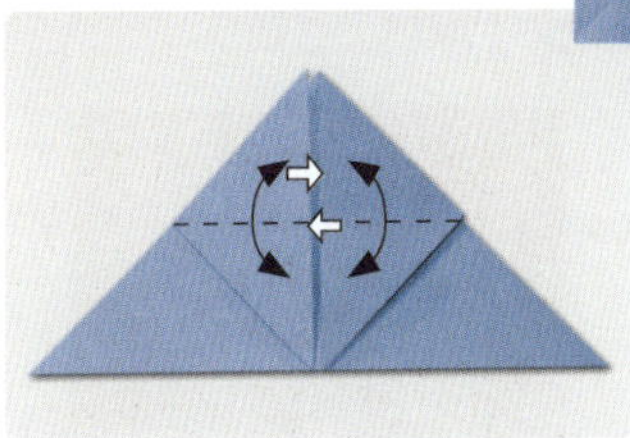

6 先依照虚线折出折痕，然后依照折痕将两边分开撑开，再压折。

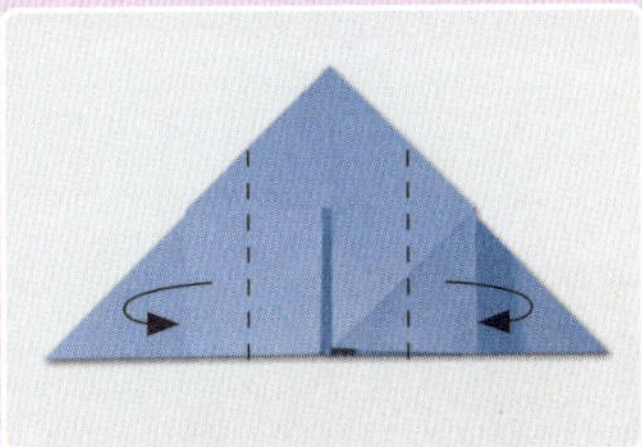

7 依照虚线将两边向背面折。

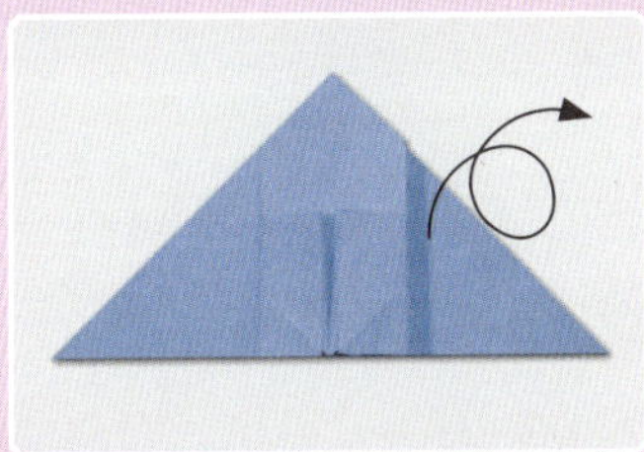

8 折好后，翻转。并按第四步到第六步的折法折。

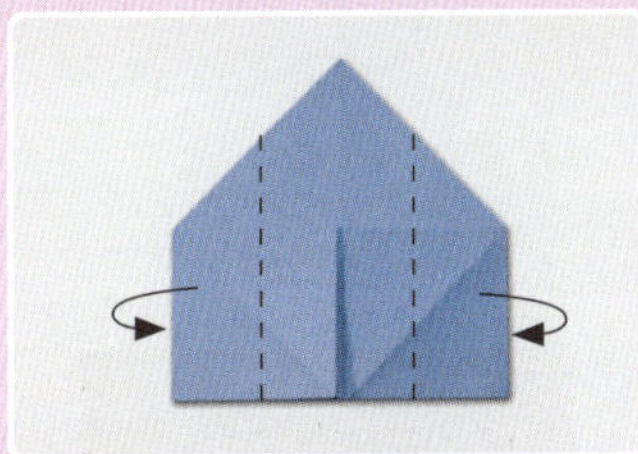

9 依照虚线将两边向背面折。

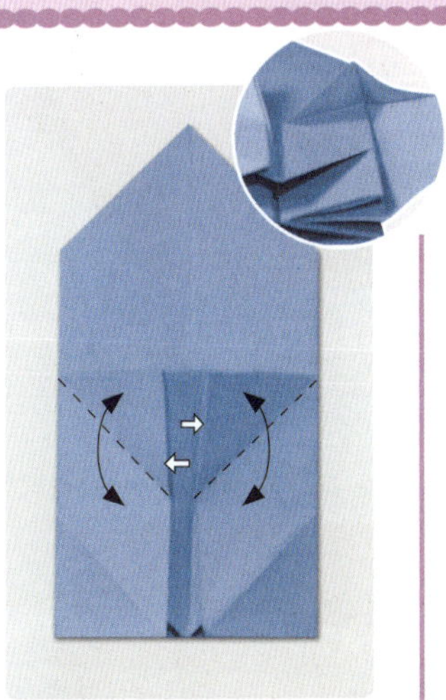

10 先依照虚线折出折痕，然后如图所示，依照折痕撑开，再压折。

11 依照虚线将下边朝箭头方向折，画上门和窗，完成。

欧式化的小洋楼，如果希望圣诞老人从烟囱送你礼物，那就想办法做根烟囱吧。

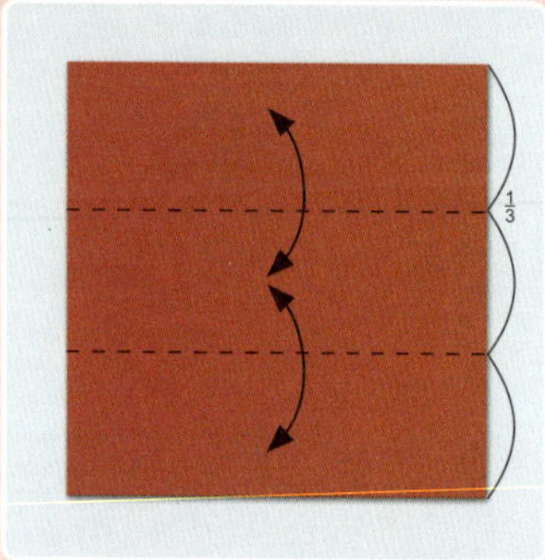

1 使用一张正方形的纸，背面朝上，然后如图所示将纸平分三等份。

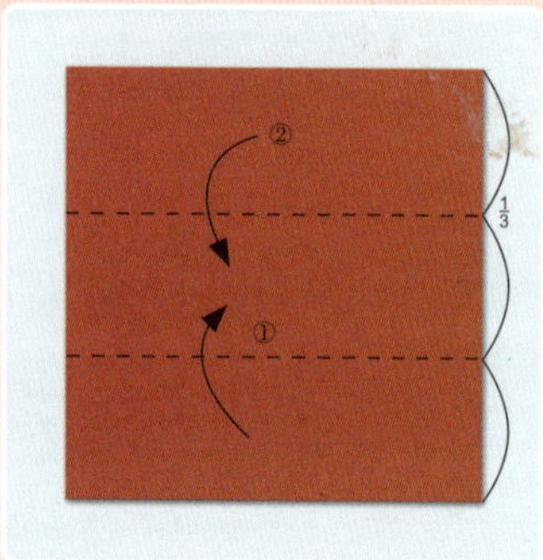

2 依照虚线，按①②顺序折。

3 依照虚线将两角朝箭头方向折。

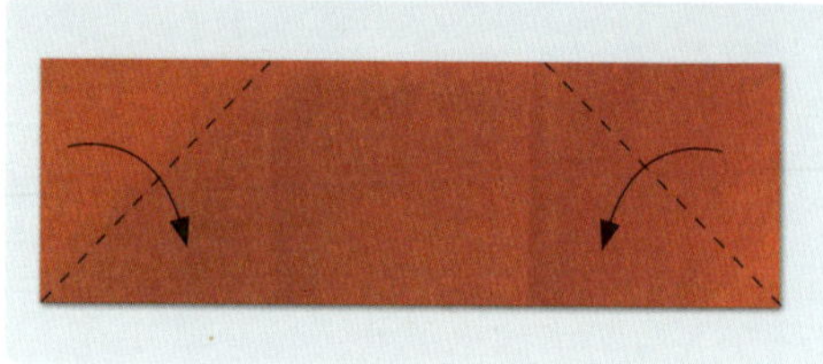

4 折好后，将两底角依照虚线对折折出折痕。

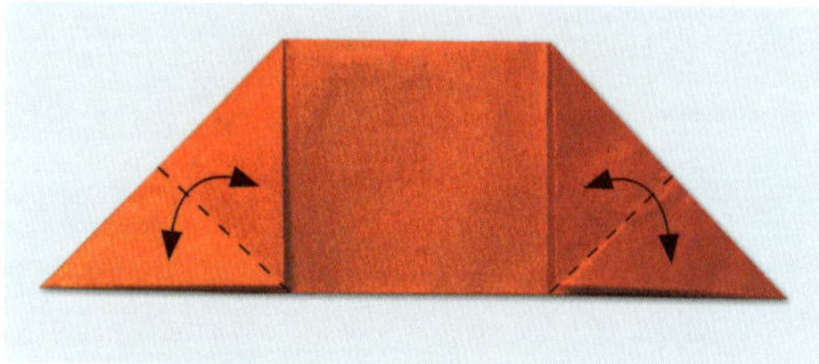

5 依照折痕从中间朝箭头方向撑开。

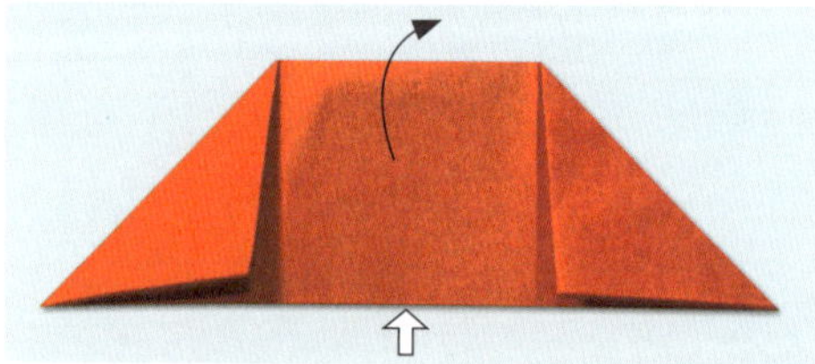

6 依照虚线将两边向中空压折。

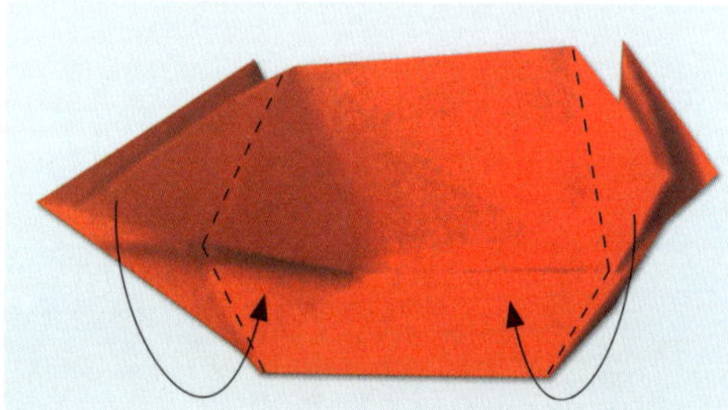

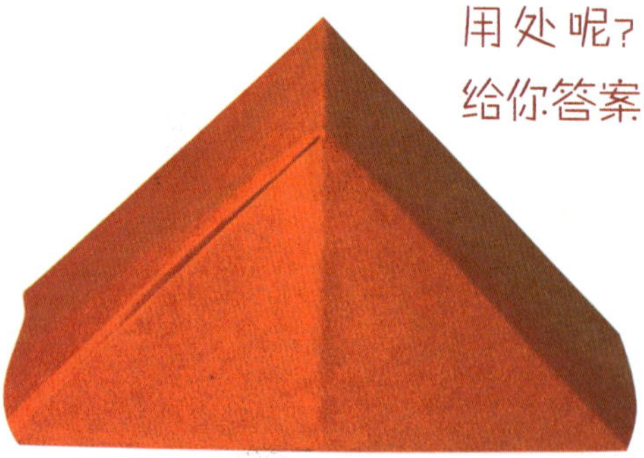

想想它还有什么用处呢？下一页会给你答案哟！

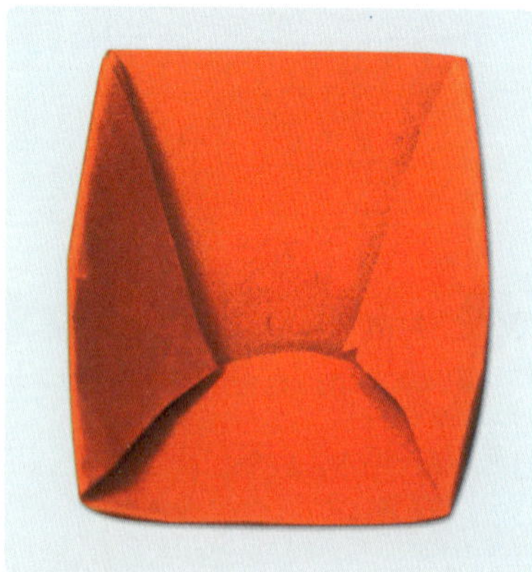

7 将边角整理好，完成。

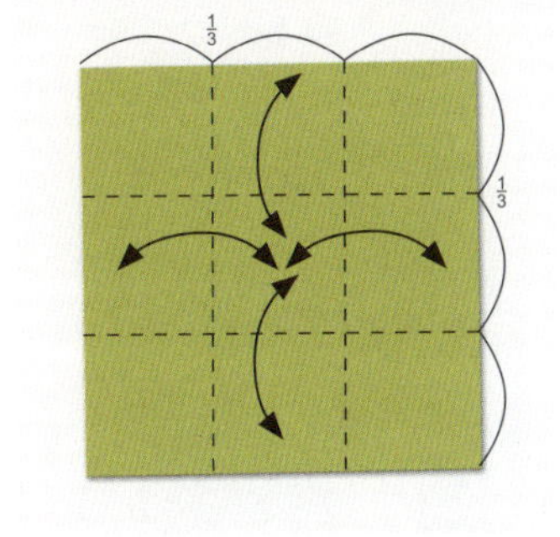

1 使用一张正方形的纸，背面朝上，如图所示将纸平分三等份。

2 依照虚线将上下两边朝箭头方向折。

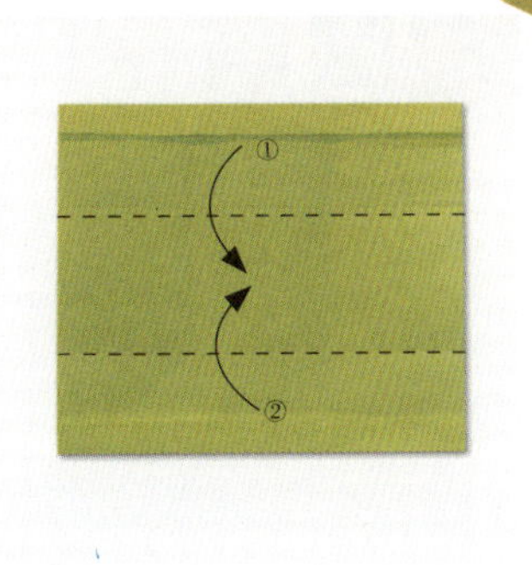

3 依照虚线，按①②顺序折。

4 依照虚线进行对折（顶角于边重合便可），然后复原留下折痕。

5 依照虚线将左右两边朝箭头方向折。

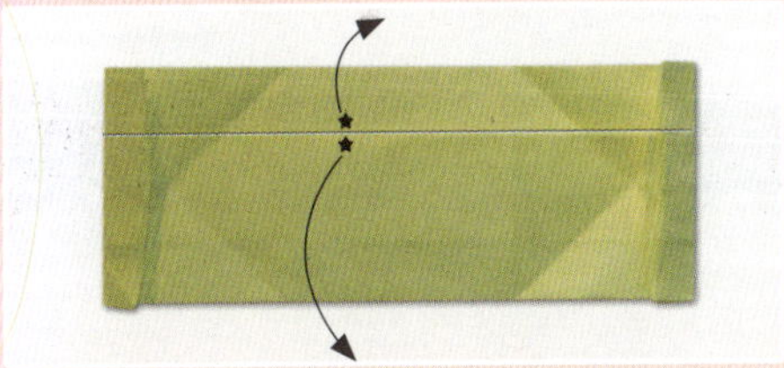

6 朝箭头方向拉开。

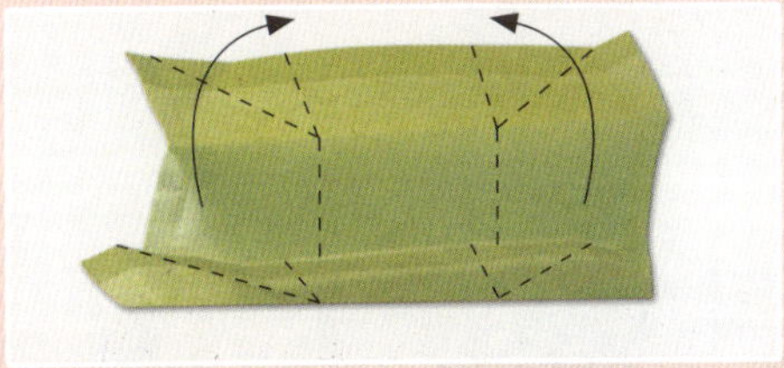

7 依照虚线将两边向中间折。

8 依照虚线将对着的两边向里折。

9 将边角整理好，完成。

很神奇吧！一个可以真正装物品的房子，是不是就在你手中诞生了！

折纸技巧

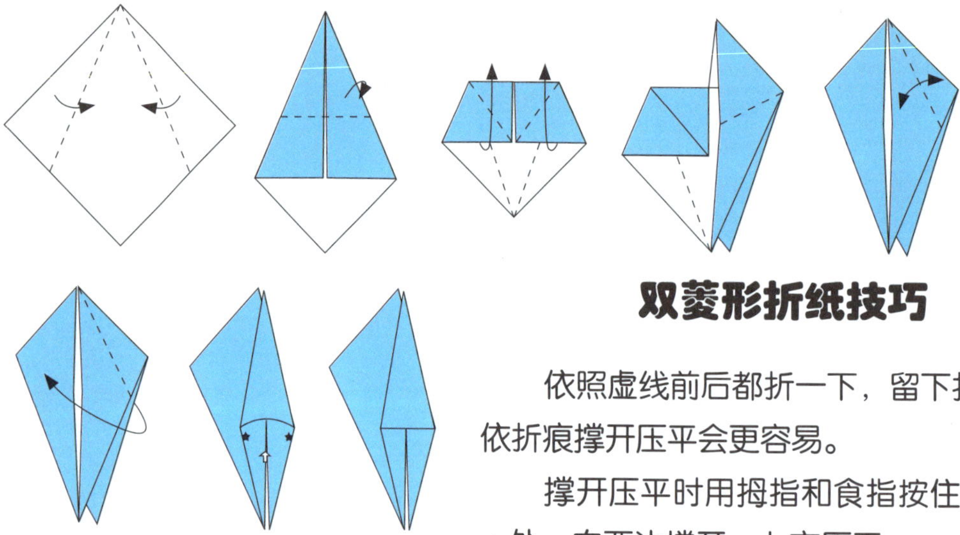

双菱形折纸技巧

依照虚线前后都折一下，留下折痕。依折痕撑开压平会更容易。

撑开压平时用拇指和食指按住★和★处，向两边撑开，上方压平。

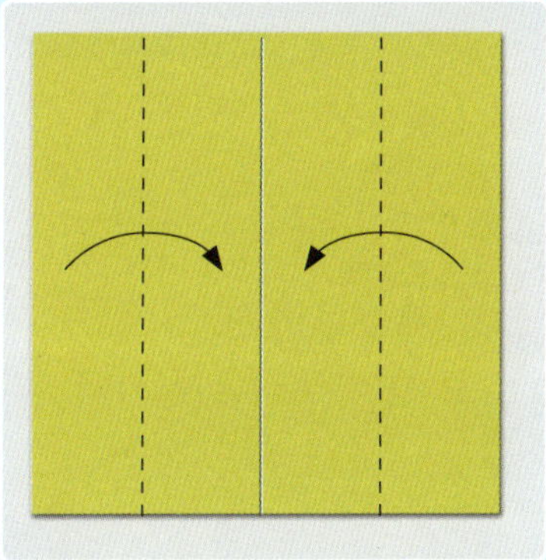

1 使用一张正方形的纸，背面朝上，先左右两边对折折出折痕，然后依照虚线将两边向中线折。

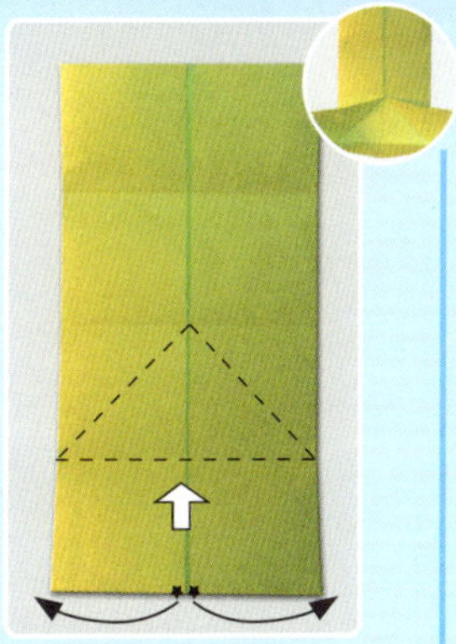

2 先依照虚线折出折痕，然后如图所示，依照折痕朝箭头方向撑开，再压折。

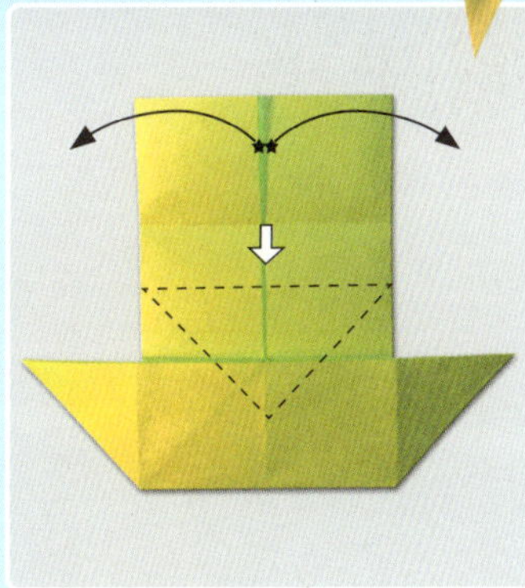

3 先依照虚线折出折痕，然后依照折痕朝箭头方向撑开，再压折。

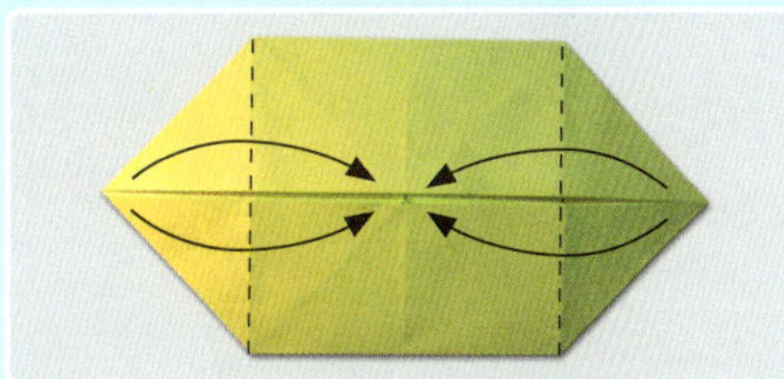

4 依照虚线将角朝箭头方向折，然后复原留下折痕。

5 依照折痕分别将四个角撑开，再压折。

6 依照虚线将三边往里折，然后复原留下折痕。

7 依照折痕朝箭头方向拉开，再压折。

8 四个角以相同的折法折，折好后，翻转。

9 将四个角往下折，整理好，完成。

如果用硬一点的纸来做的话，小桌子会比较结实。

2.8.2012

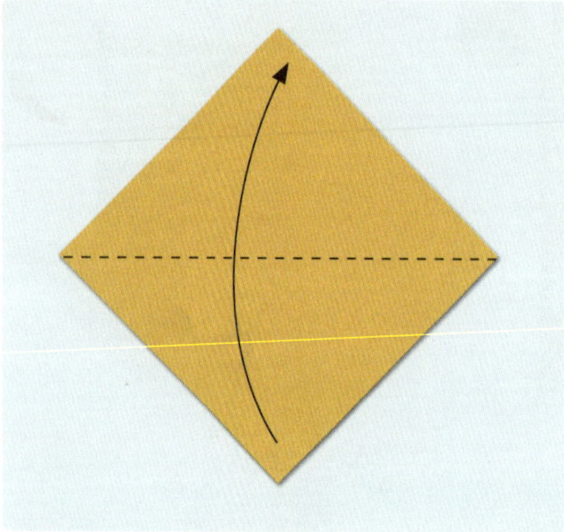

1 使用一张方形的纸，正面朝上，依照虚线上下角对折。

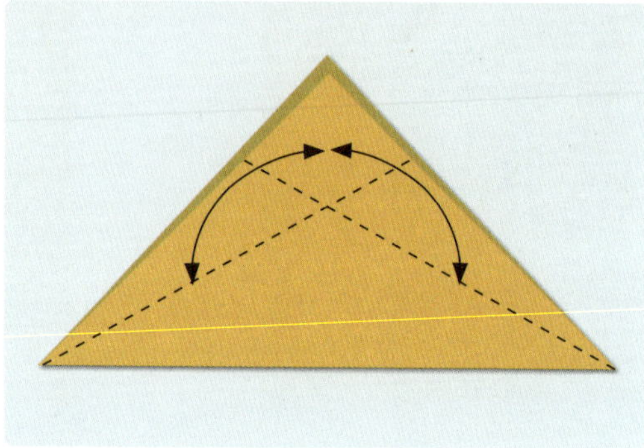

2 依照虚线，进行对折（顶角于底边重合便可），然后复原留下折痕。

3 将右下角朝刚才折痕在左边所留下的一个交点折去。

4 将左下角朝刚才折痕在右边所留下的一个交点折去。

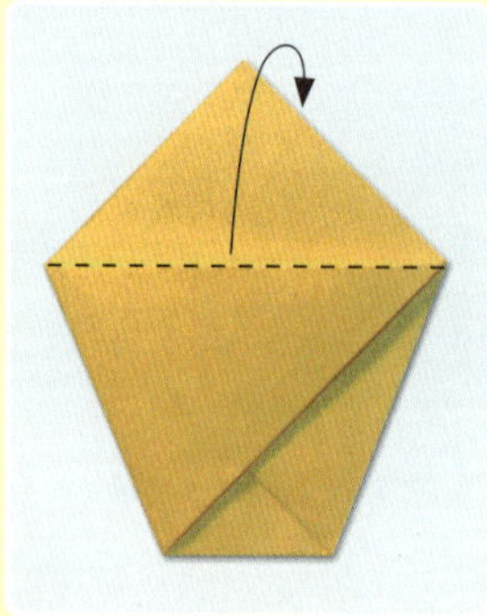

5 依照虚线将上层的三角折进两层纸缝中间。

6 以相同的折法将背面的三角折进两层纸缝中间。然后将其撑开，完成。

简单吧！如果有防水的环保纸，在急用水杯时，不妨现折一个。

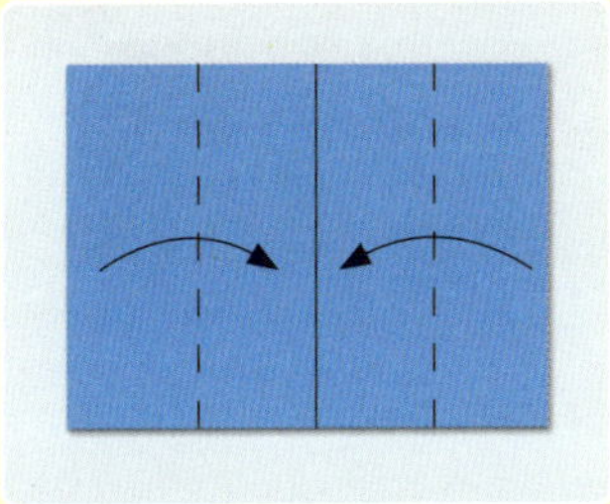

1 使用一张长方形的纸，背面朝上，先左右两边对折折出折痕，然后将左右两边向中线折。

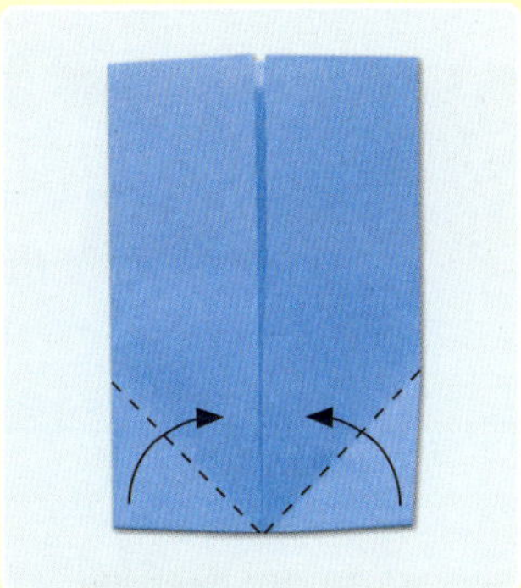

2 依照虚线将两底角朝箭头方向折。

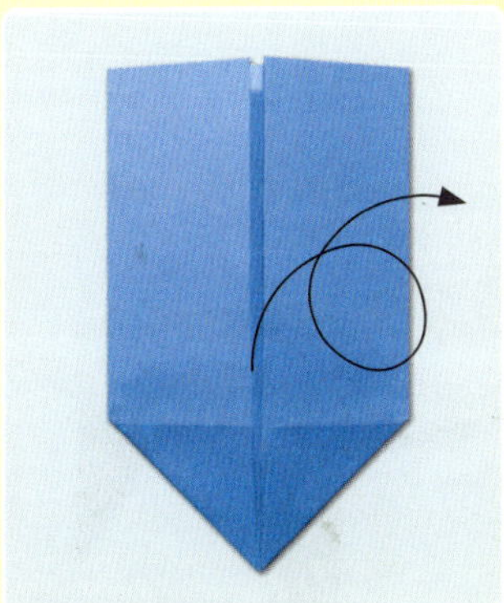

3 折好后，翻转。

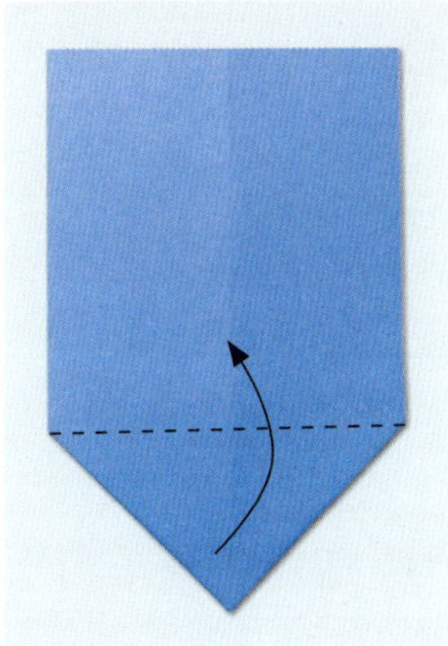

4 依照虚线将底角朝箭头方向折。

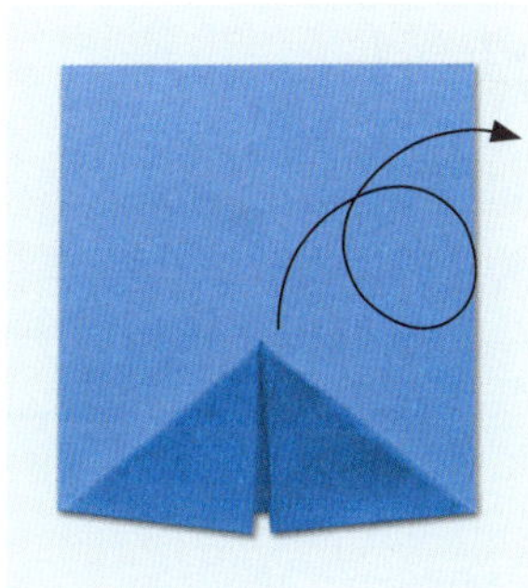

5 折好后，翻转。

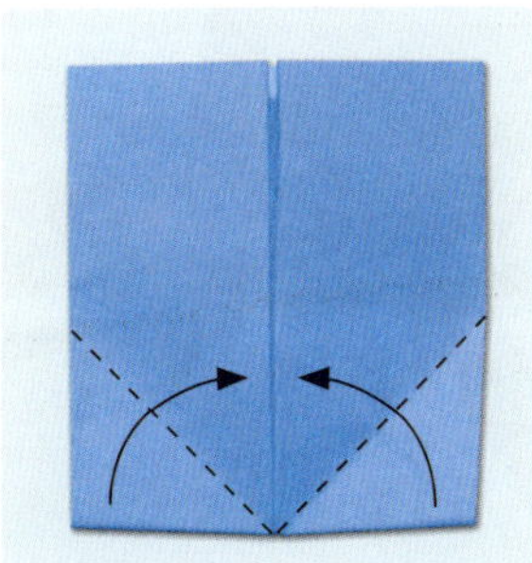

6 依照虚线，将底角朝箭头方向折。

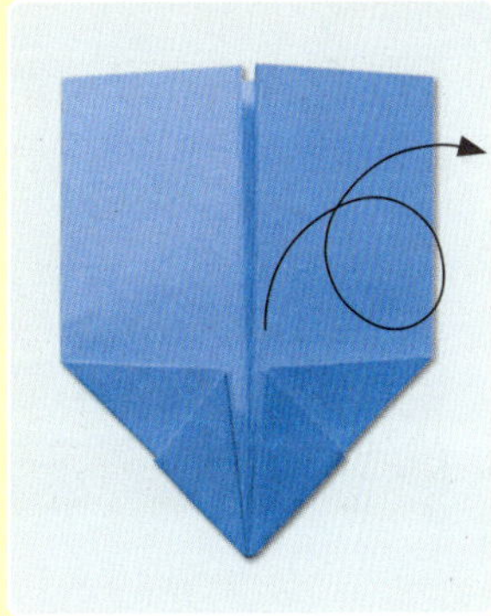

7 折好后，翻转。

8 如图所示依照折痕将底部撑开，再压折。

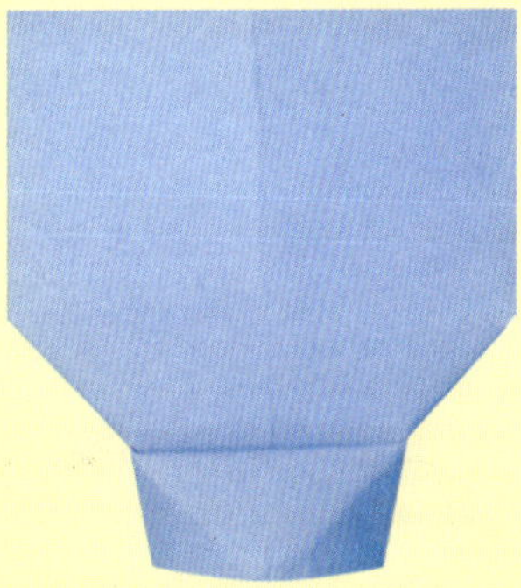

用纸张做出来的小碗，可能就不能用来盛饭了，呵呵。不过作为一个装饰品，倒是不错的！

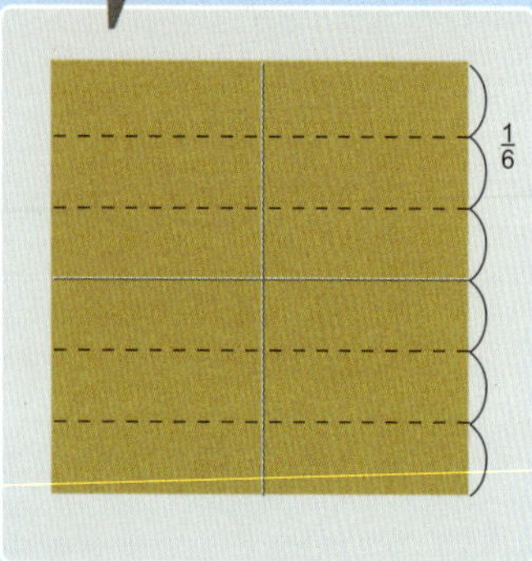

1 使用一张正方形的纸，背面朝上，先折十字形折痕，然后如图所示将纸平分六等份。

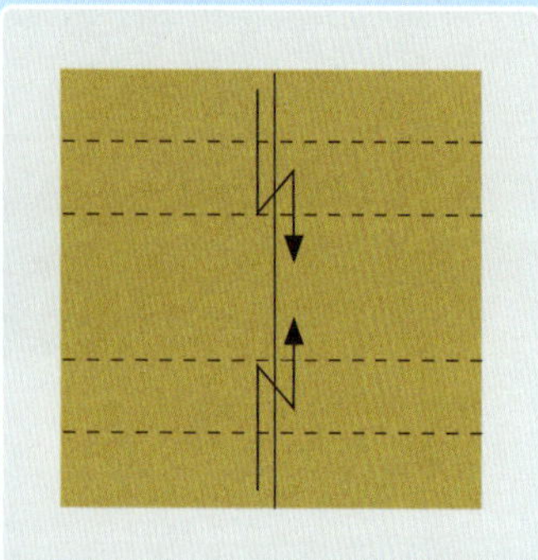

2 依照折痕进行曲折。

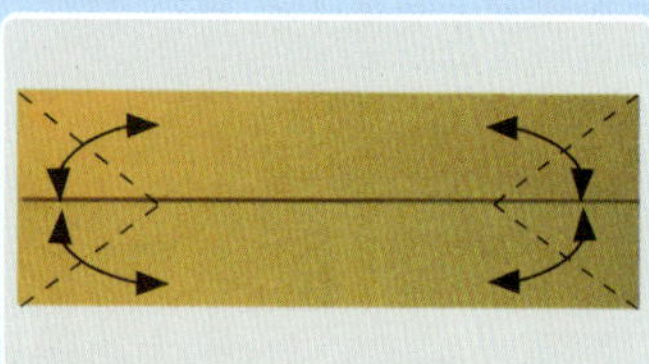

3 依照虚线将上层四个角向外折，然后复原留下折痕。

4 如图所示，依照折痕朝箭头方向撑开，再压折。

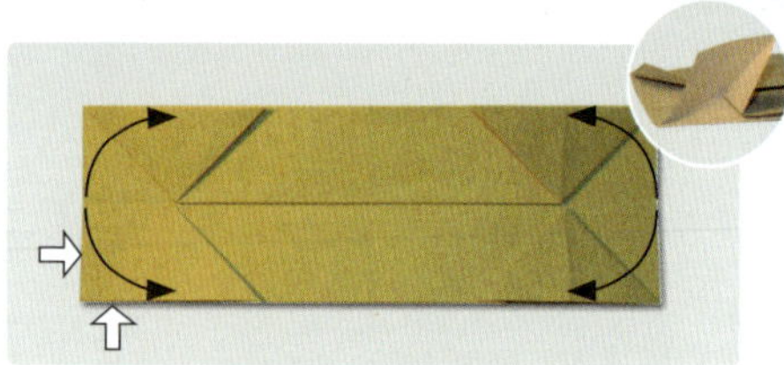

5 依照虚线将右边朝箭头方向折。

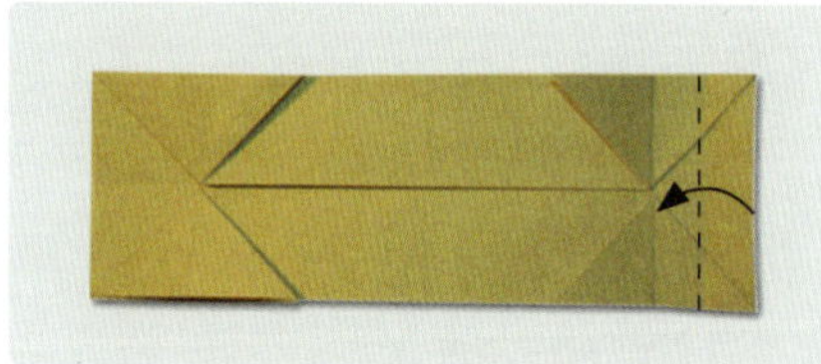

6 依照虚线将两边的四个角立起来。

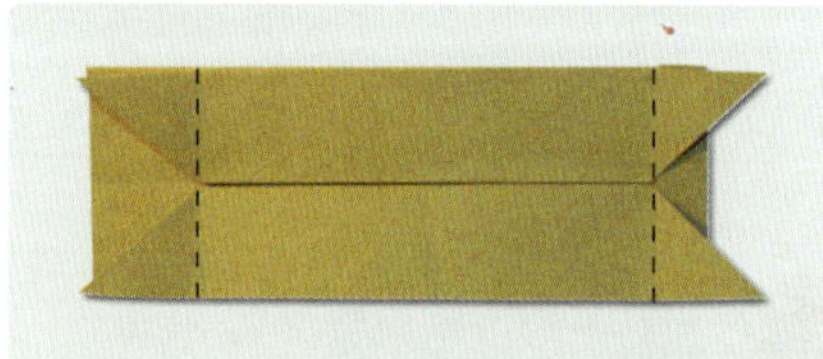

7 用手指做小心的调整，完成。

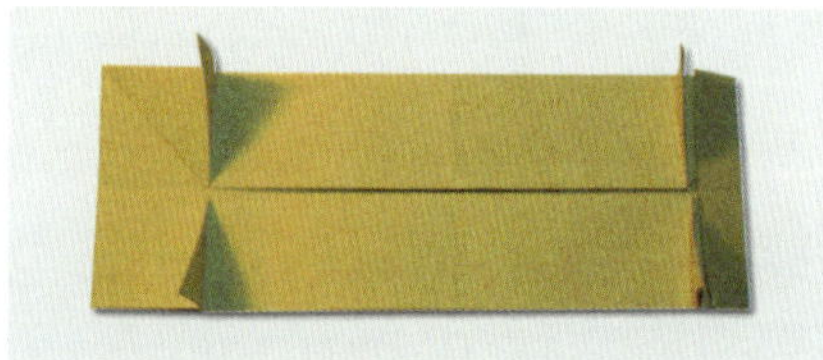

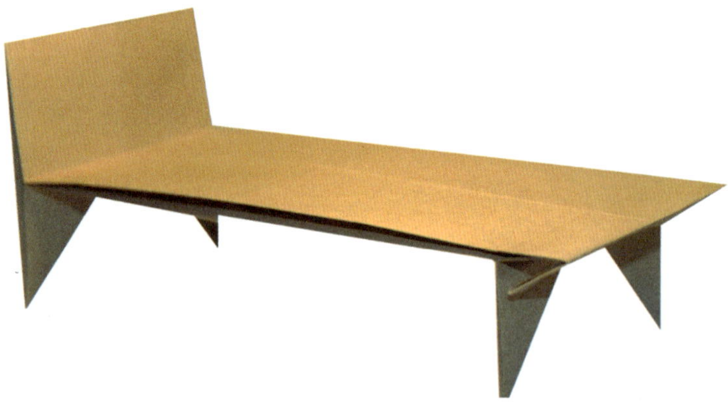

我要为我的布娃娃准备一张很舒服的床。

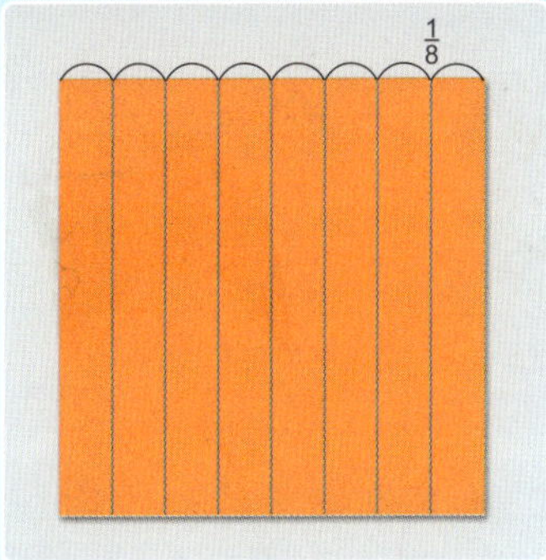

1 使用一张正方形的纸，背面朝上，先左右两边对折折出折痕，然后如图所示将纸平分八等份。

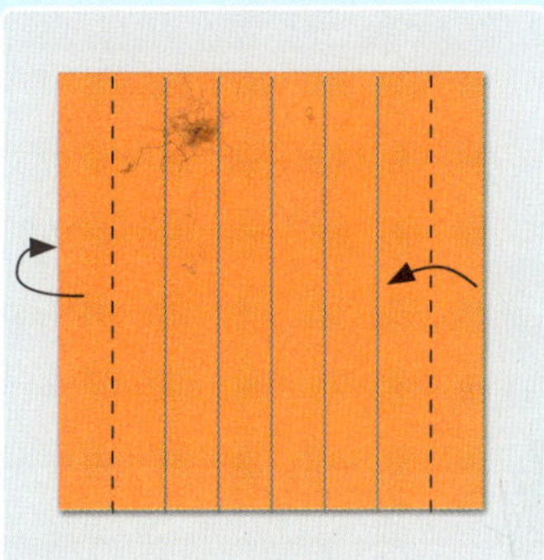

2 依照虚线将左边向背面折，右边向前面折。

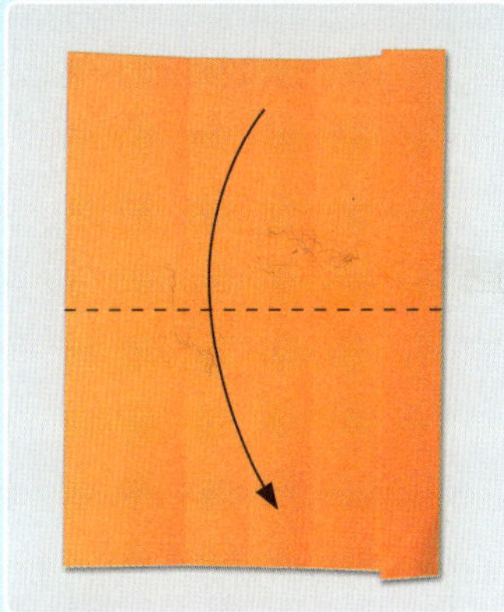

3 依照虚线将上下两边对折。

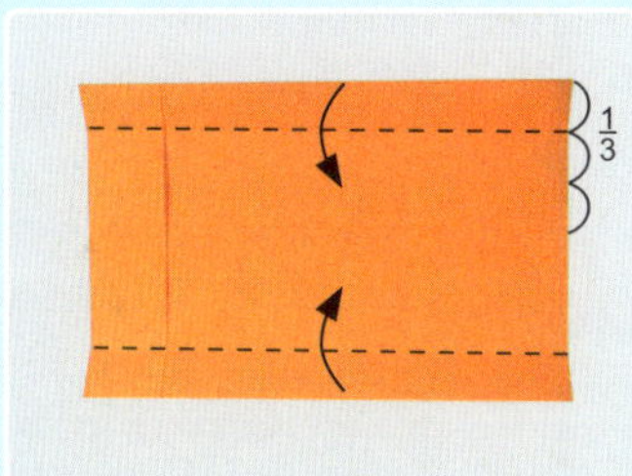

4 依照虚线将上下边1/3处分别向中间折。

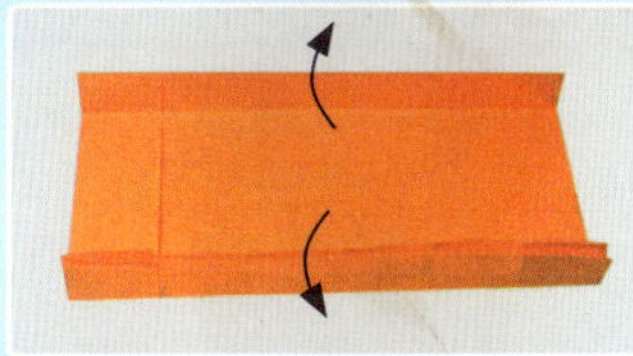

5 依照折痕将上下两边分别立起来。

6 折好后，翻转，将其放在事先折好的床上，完成。

再铺上被单真是漂亮呀。让布娃娃睡在床上做个好梦吧！

沙发

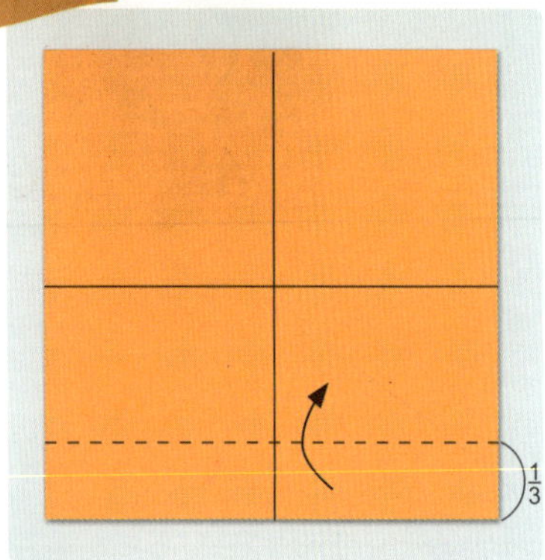

1 使用一张正方形的纸，背面朝上，先折十字形折痕，然后依照虚线将下边 1/3 处朝箭头方向折。

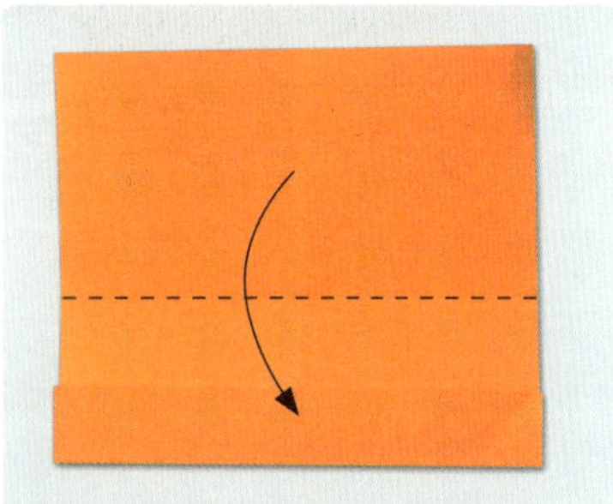

2 依照虚线将上边向中线对折。

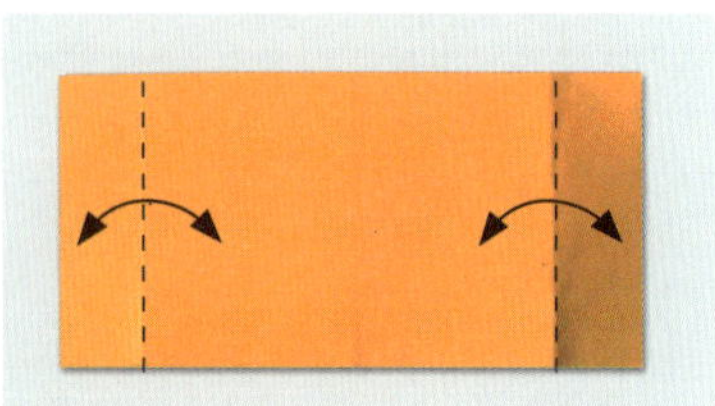

3 将左右两边 1/3 处分别往中间折，然后复原留下折痕。

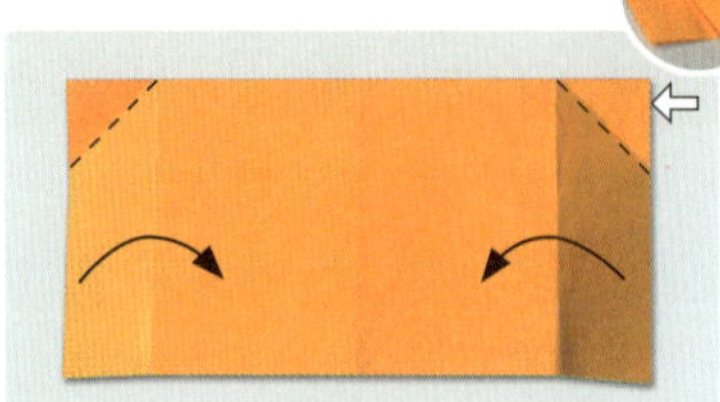

4 先依照虚线将两角折出折痕，然后如图所示，依照折痕朝箭头方向撑开，再压折。

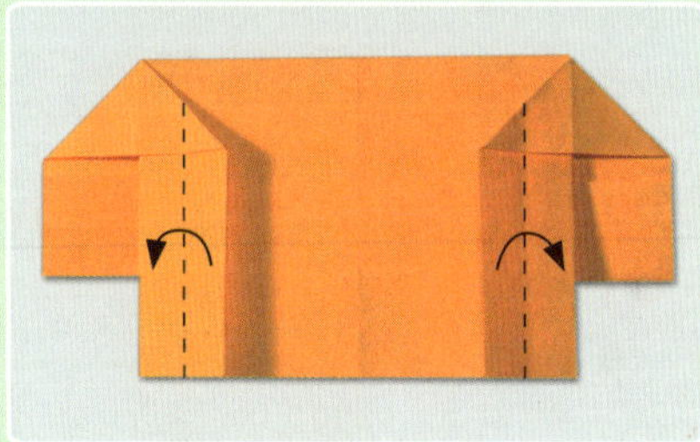

5 依照虚线将两边朝箭头方向折。

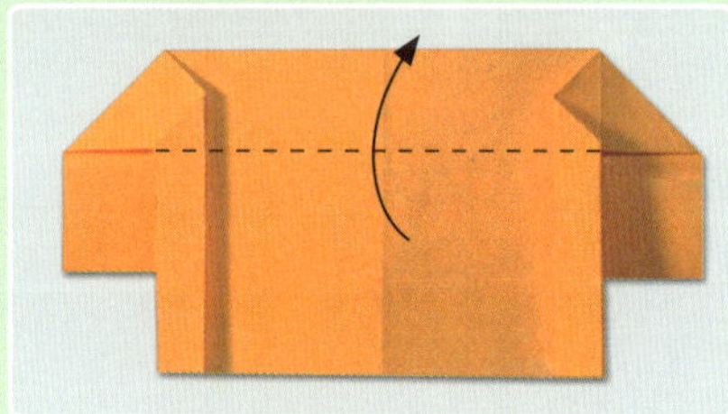

6 依照虚线将上边朝箭头方向折。

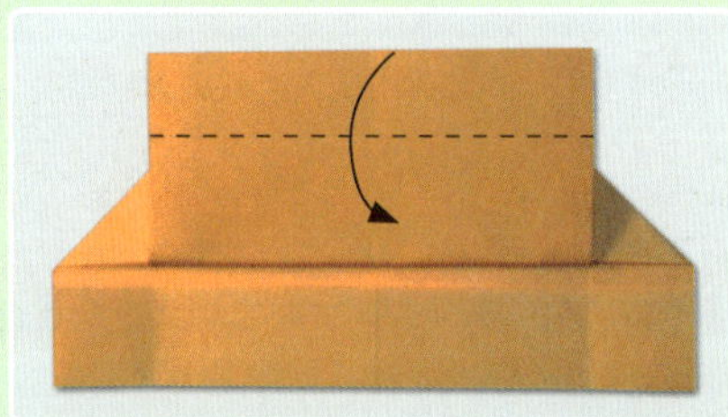

7 依照虚线朝箭头方向折，使其置于水平位置。

8 依照虚线将两边往里折。完成。

软绵绵的靠背沙发，真舒服！

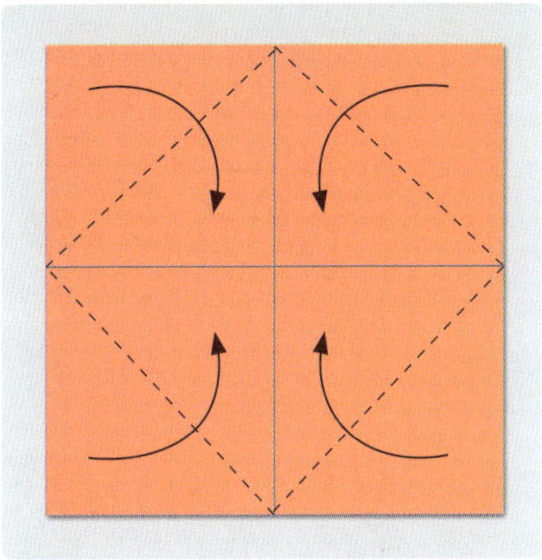

1 使用一张正方形的纸，背面朝上，先折十字形折痕，然后将四角向中心折。

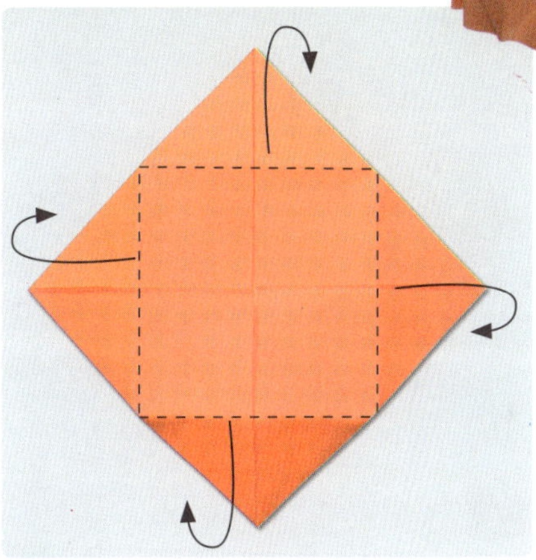

2 依照虚线将四角向背面折。

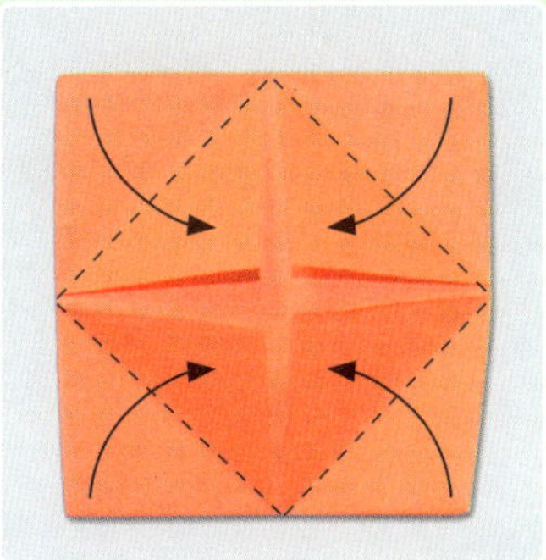

3 依照虚线将四角向中心折。

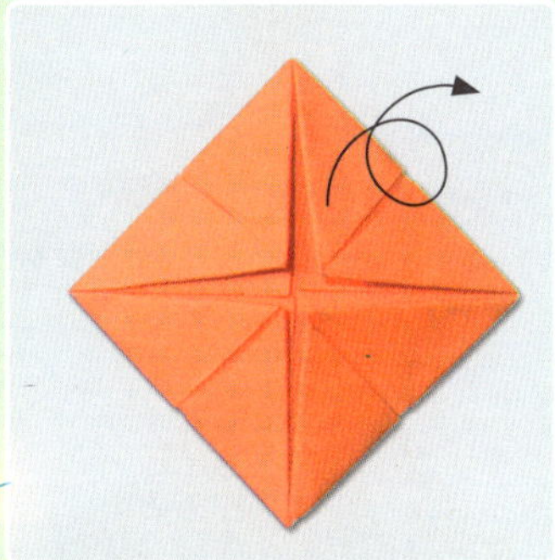

4 折好后，翻转。

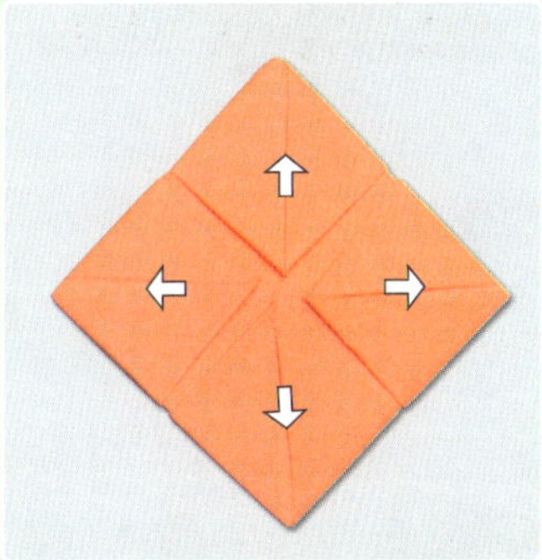

5 依照折痕将每个角撑开，再压折。

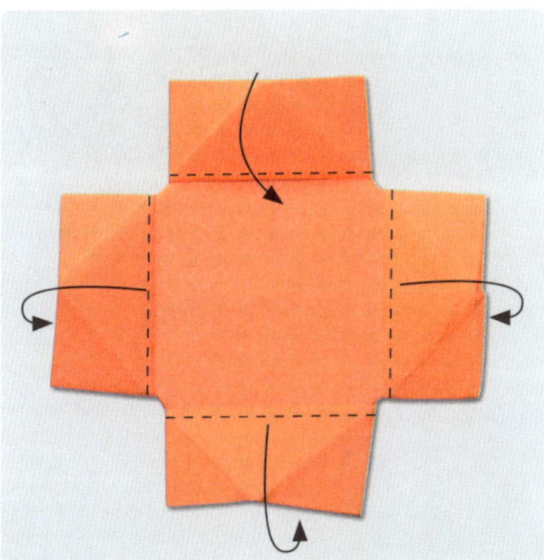

6 一边往上折，其余三边往下折，完成。

用各种漂亮的纸，折出不同颜色的椅子，想怎么放就怎么放。

篮子

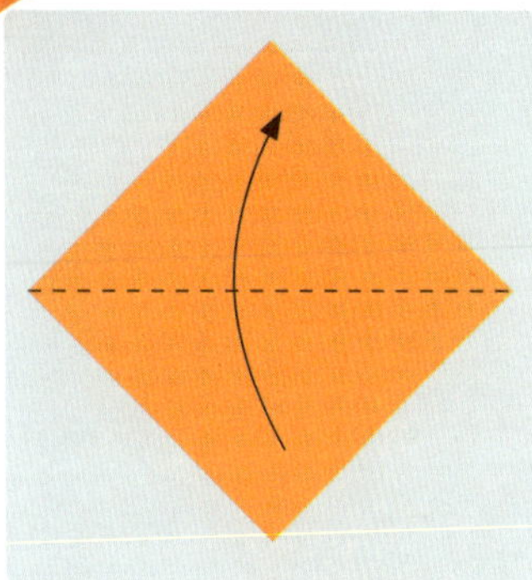

1 使用一张正方形的纸，背面朝上，依照虚线将上下角对折。

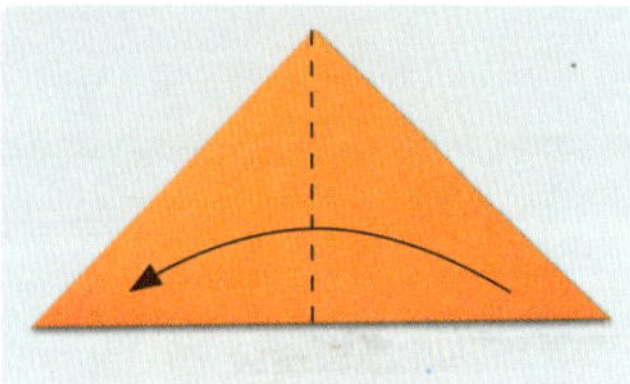

2 依照虚线将左右两角朝箭头方向折。

3 先依照虚线折出折痕，然后如图所示，依照折痕朝箭头方向撑开，再压折。

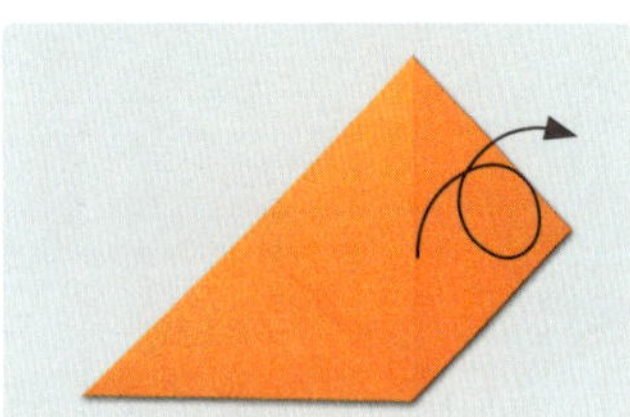

4 折好后，翻转。

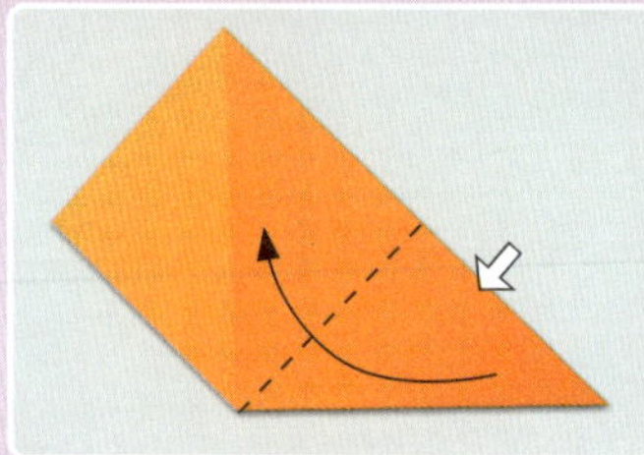

5 先依照虚线折出折痕，然后依照折痕朝箭头方向撑开，再压折。

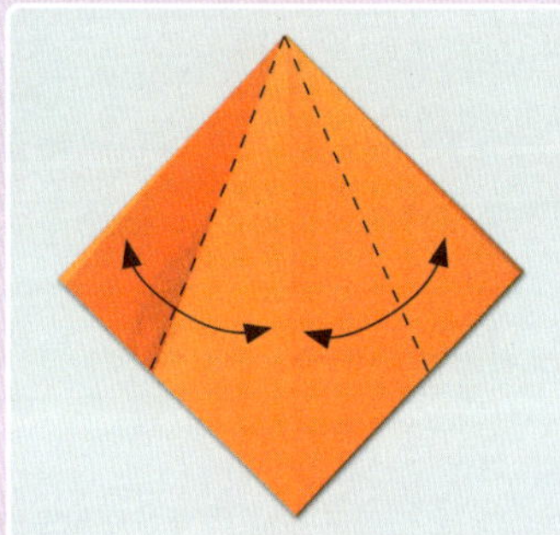

6 依照虚线将两边向对角线折，然后复原留下折痕。

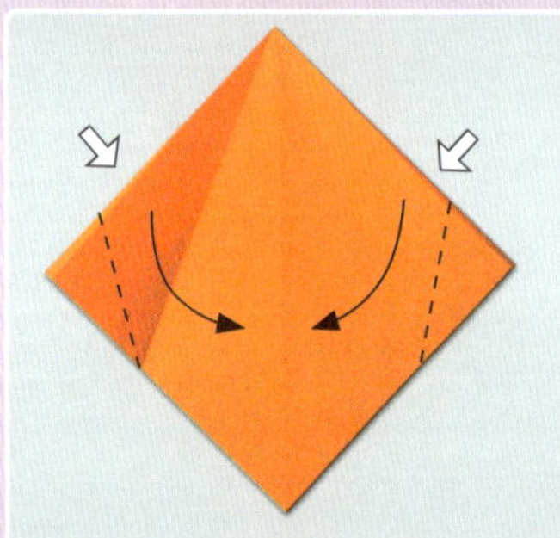

7 先依照虚线折出折痕，然后依照折痕朝箭头方向撑开，再压折。

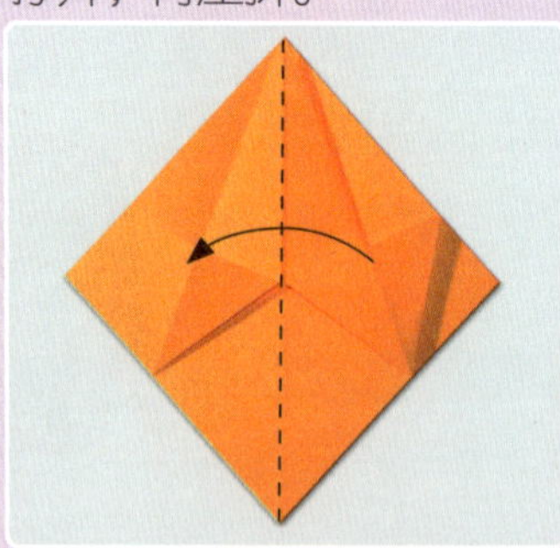

8 依照虚线将右边上层朝箭头方向折。

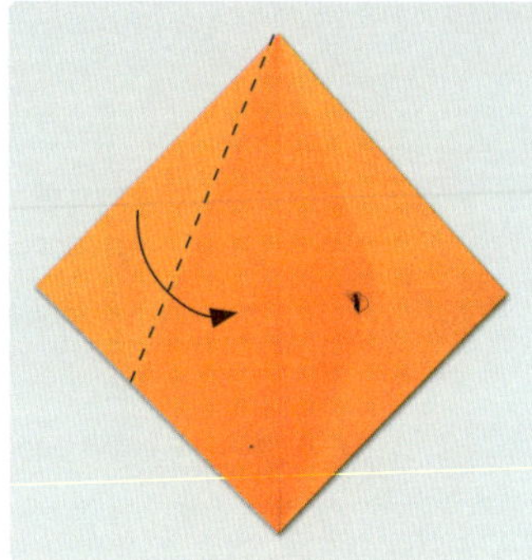

9 依照虚线折出折痕，将左边的上层朝箭头方向折。

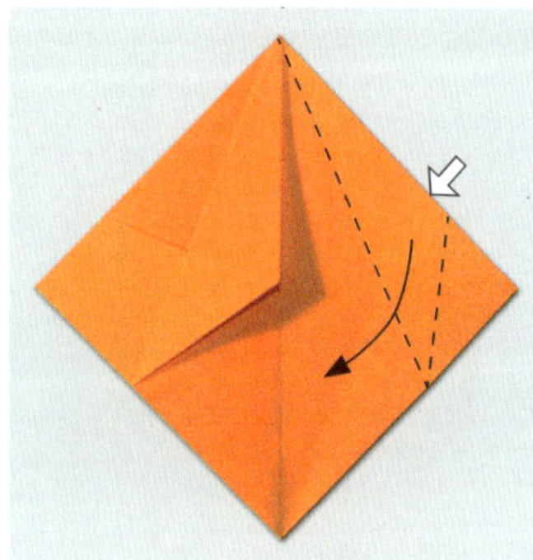

10 先依照虚线折出折痕，然后依照折痕朝箭头方向撑开，再压折。

11 折好后，翻转。

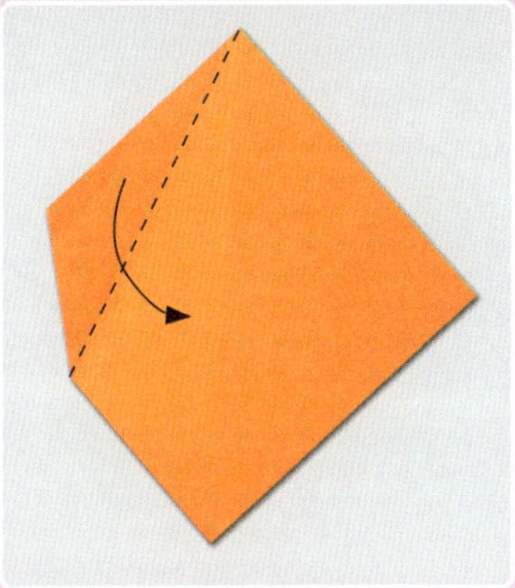

12 依照虚线将左边向对角线折。

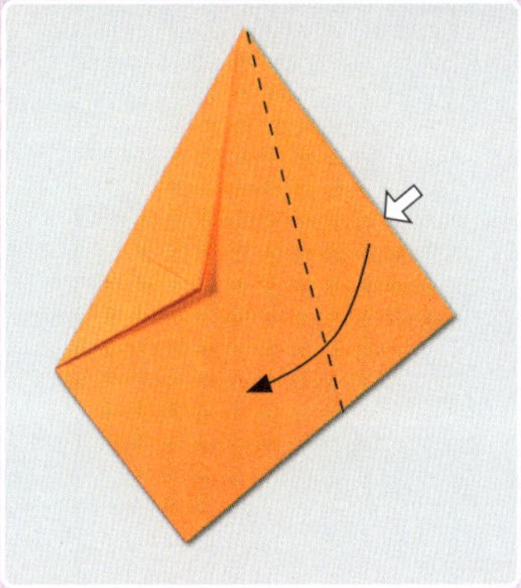

13 先依照虚线折出折痕，然后依照折痕朝箭头方向撑开，再压折。

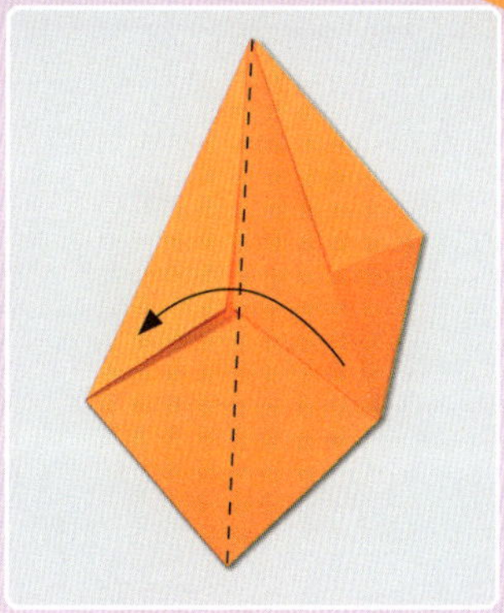

14 依照对角线朝箭头方向折。

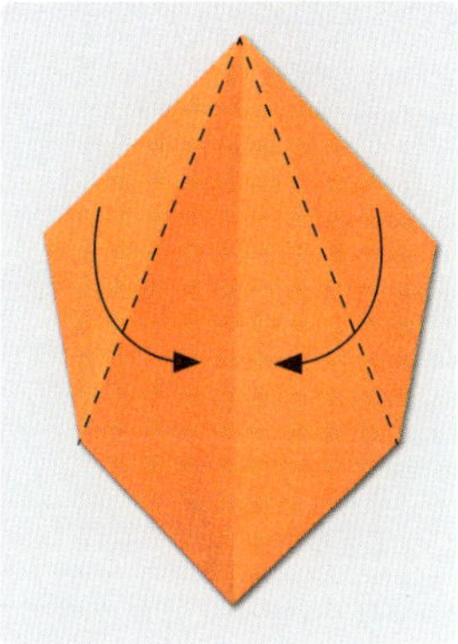

15 依照虚线将左右两边向对角线折。

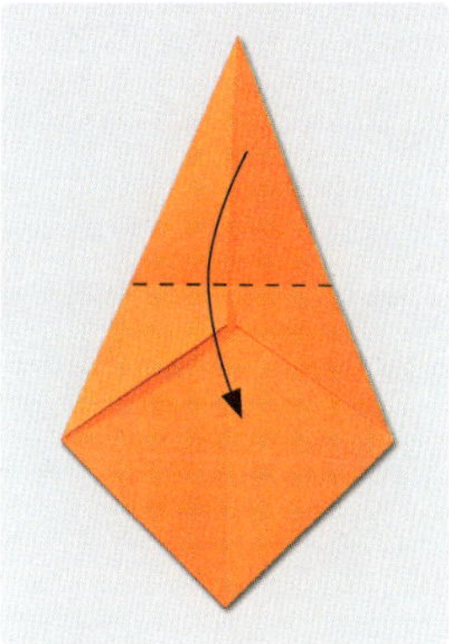

16 依照虚线将顶角朝箭头方向折。

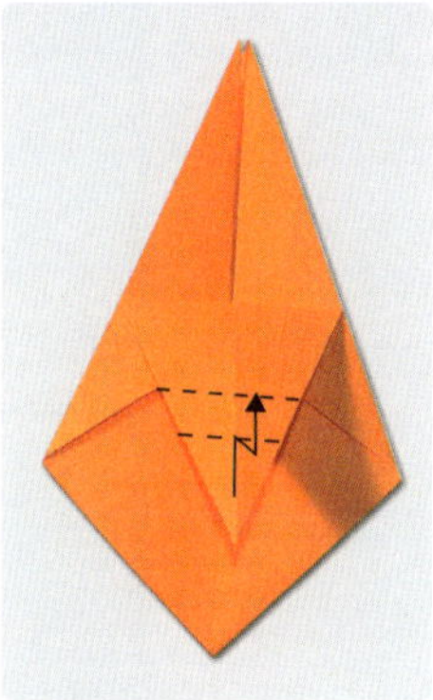

17 依照虚线进行曲折，并插入纸缝中。

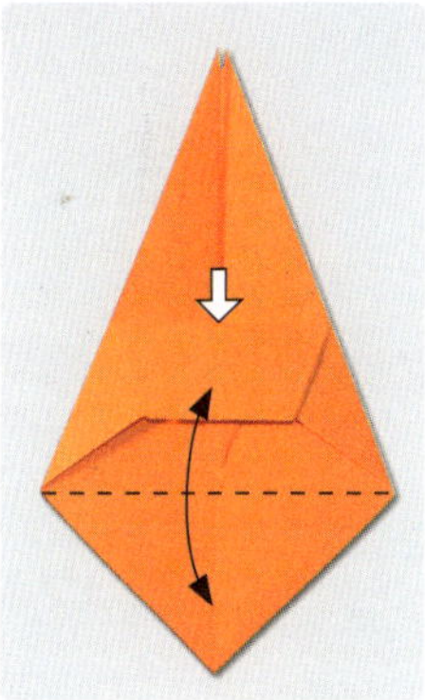

18 依照虚线将底部向上折，然后复原留下折痕，再撑开。

19 撑开整理，用胶水将提手处粘合，完成。

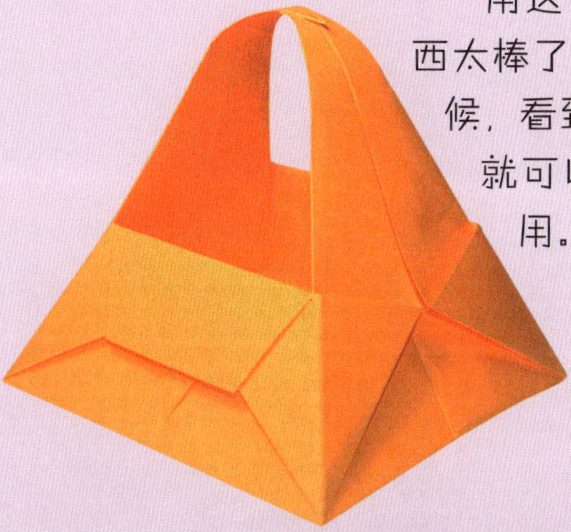

用这个花篮来盛放小东西太棒了。在郊外游玩的时候，看到漂亮的小花小草，就可以马上折一个出来用。

如果用有花纹的纸来折的话，会更加的漂亮哟！

手提包

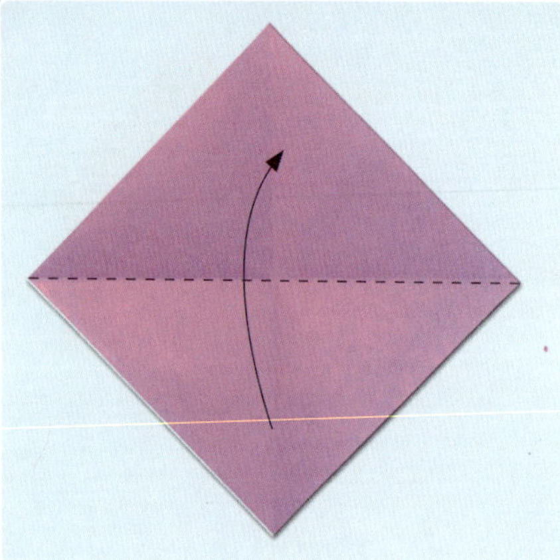

1 使用一张正方形的纸，背面朝上，依照虚线将上下角对折。

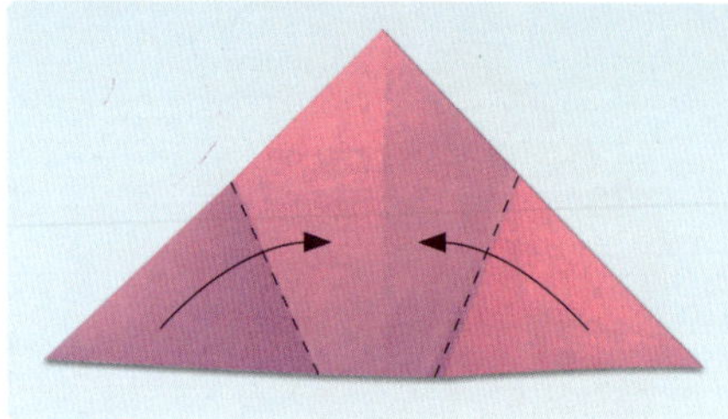

2 依照虚线将左右两角朝箭头方向折。

3 依照虚线将上层的三角朝箭头方向折。

4 依照裁剪线剪开。

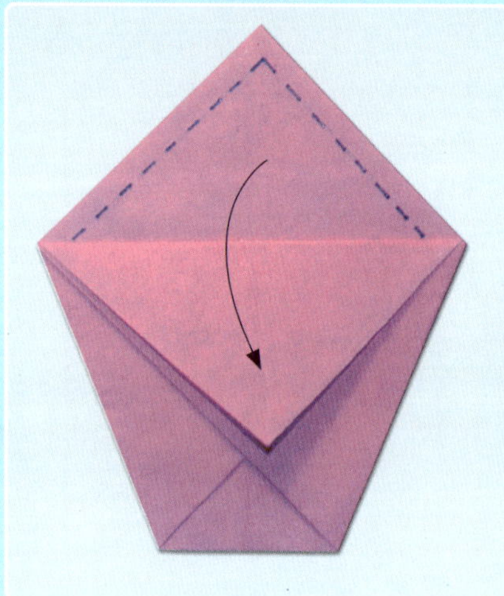

5 将剪开的三角往前面折，并画上扣眼，完成。

送妈妈一个手提包吧！用漂亮的花纸折会更好看哟！妈妈一定会很喜欢的。

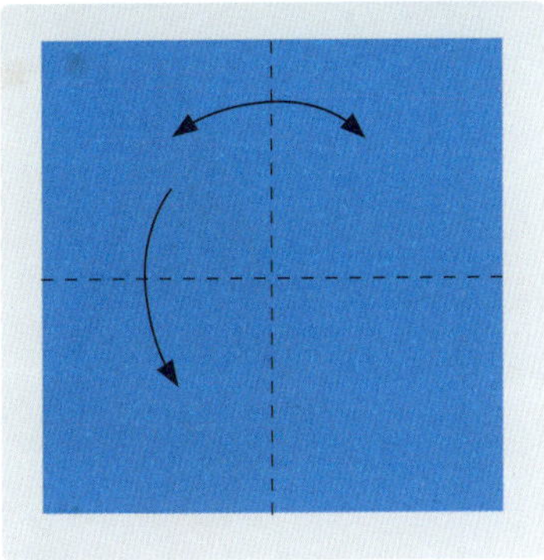

1 使用一张方形的纸，背面朝上，先左右对折折出折痕，然后上下对折。

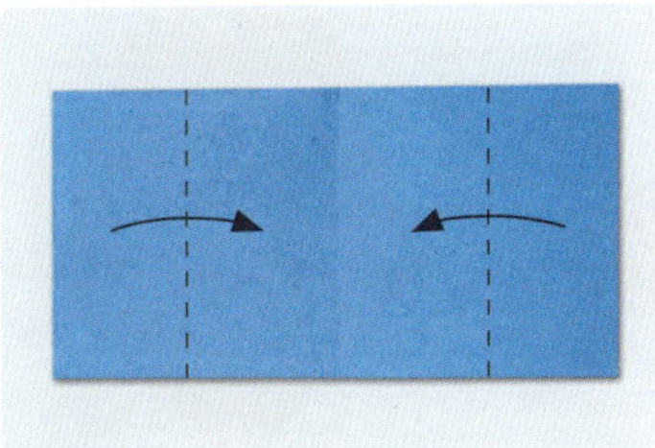

2 依照虚线将两边向中线折。

3 先依照虚线折出折痕，然后如图所示，依照折痕朝箭头方向撑开，再压折。

4 依照虚线将下边朝箭头方向折。

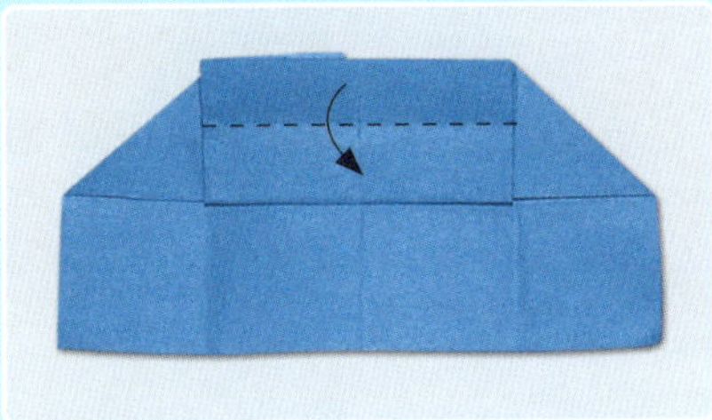

5 依照虚线向下折，使其置于水平位置。

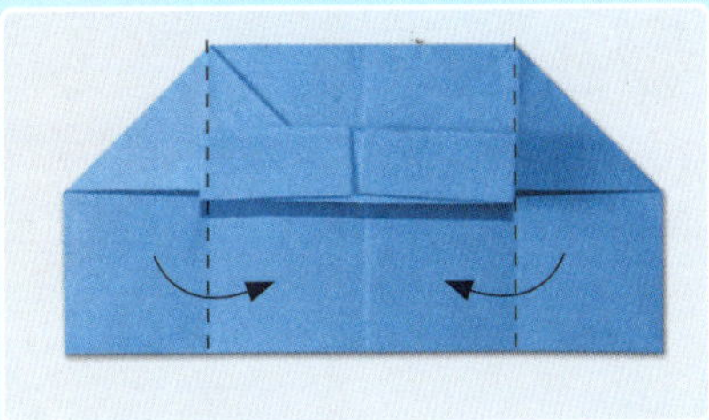

6 两边分别往里折。完成。

画上键盘后，就可以有模有样地弹起来了。

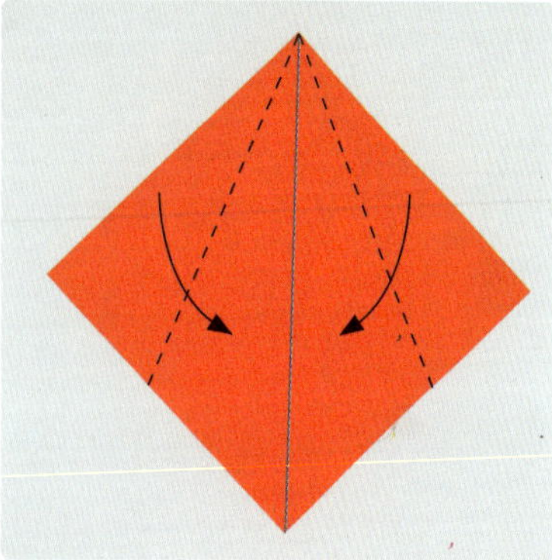

1 使用一张正方形的纸，背面朝上，先左右两边对折折出折痕，然后依照虚线将左右两角向中线折。

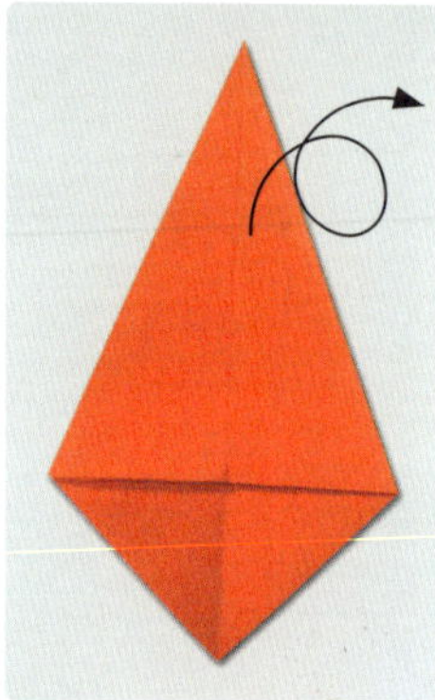

2 折好后，翻转。

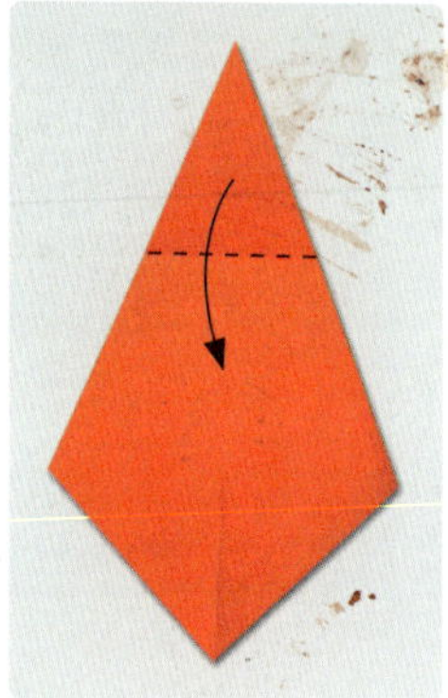

3 依照虚线将顶角朝箭头方向折。

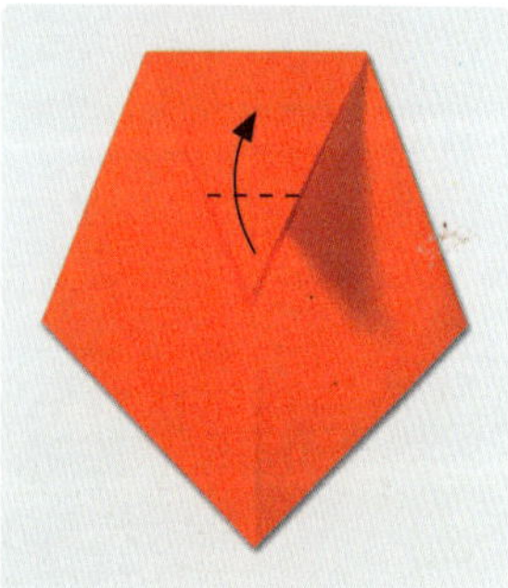

4 依照虚线将上层底角朝箭头方向折。

5 依照虚线将上层朝箭头方向折。

6 依照虚线将两角向上折。然后复原留下折痕。

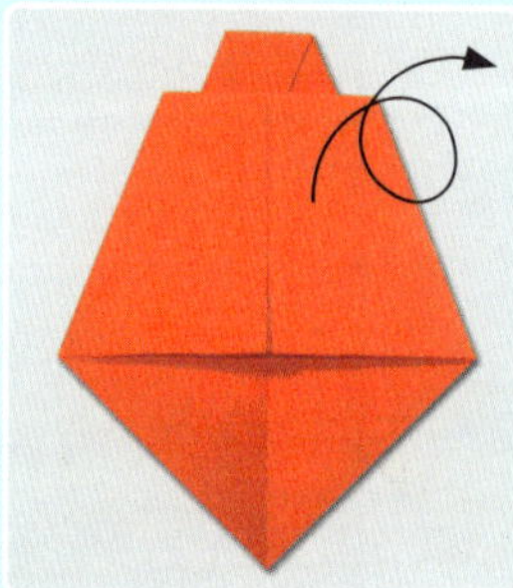

7 折好后，翻转。

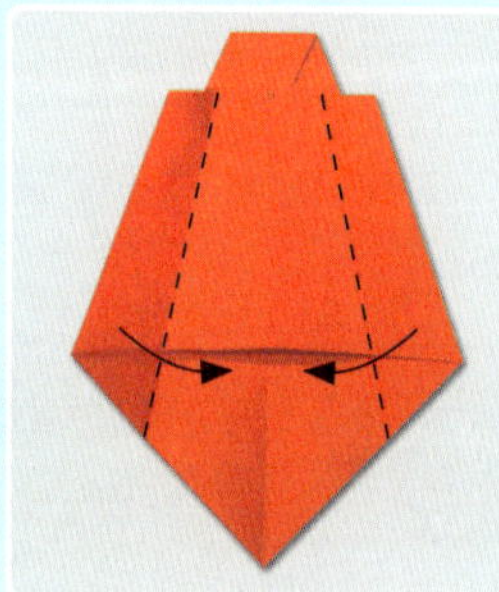

8 依照虚线将两边向中线折。

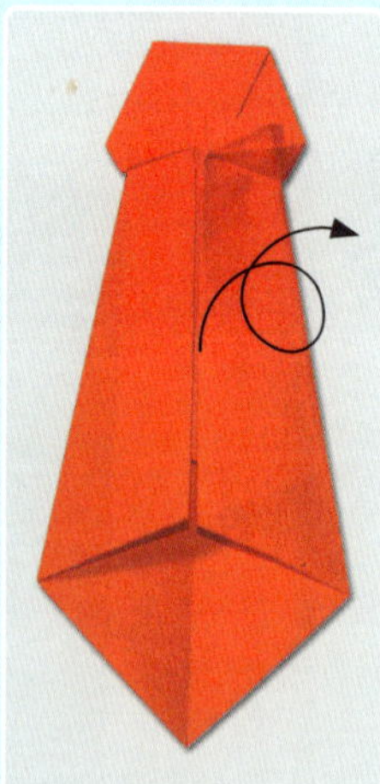

9 折好后，翻转，完成。

父亲节的那一天，我要送给爸爸一件礼物，那就是我亲手折的领带。

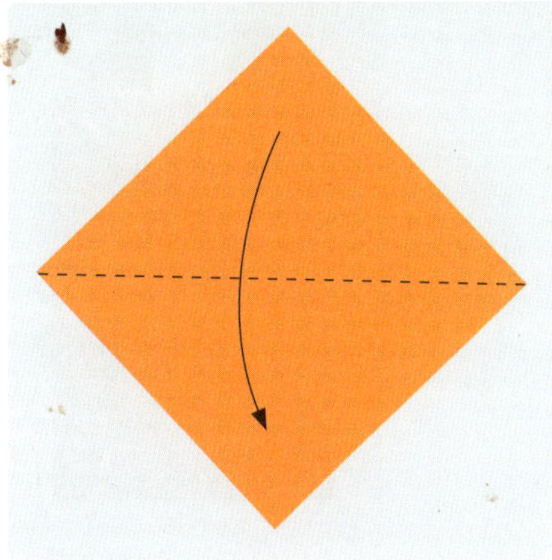

1 使用一张正方形的纸，背面朝上，依照虚线将上下两角对折。

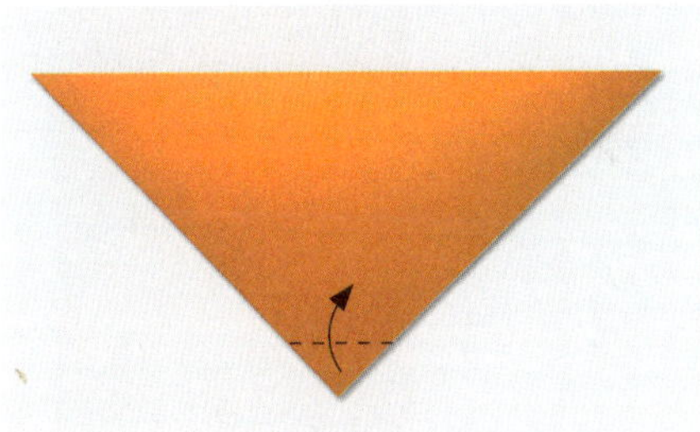

2 依照虚线将底角朝箭头方向折。

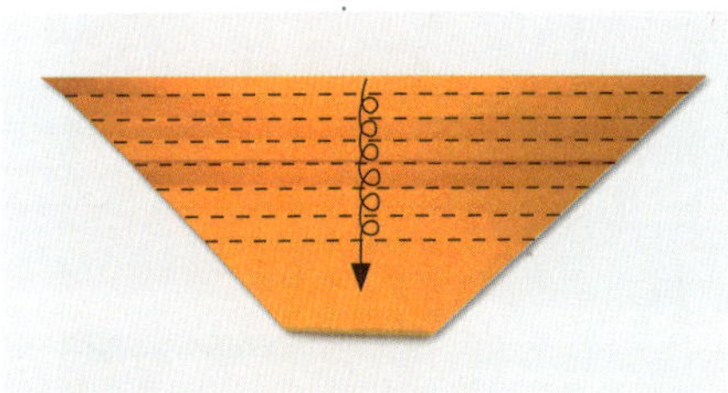

3 从上边往下卷折到适当位置。

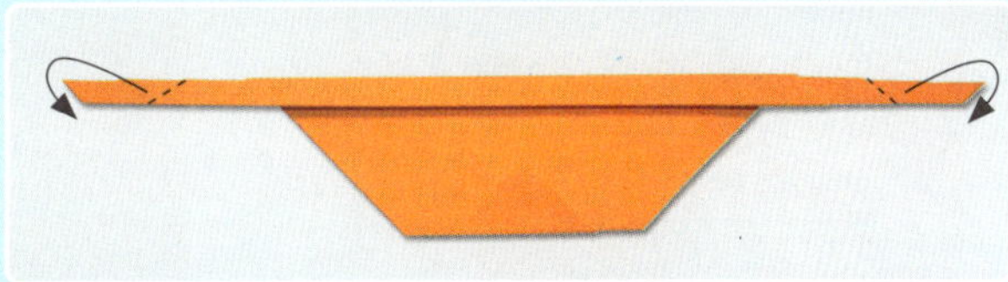

5 依照虚线将左右两边向背面折。

6 依照虚线将左右两边向后折。

7 折好后，依照裁剪线剪去，完成。

非常酷的太阳眼镜，做法十分简单，是一个不错的小玩具，快点开始和爸爸妈妈一起做吧！

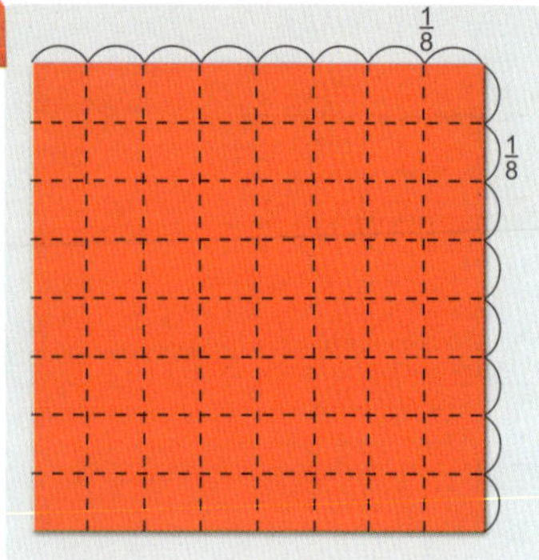

1 使用一张正方形的纸，背面朝上，先将上下两边对折折出折痕，然后如图所示将纸平分八等份。

2 依照虚线将左右边 1/16 处分别朝箭头方向折。

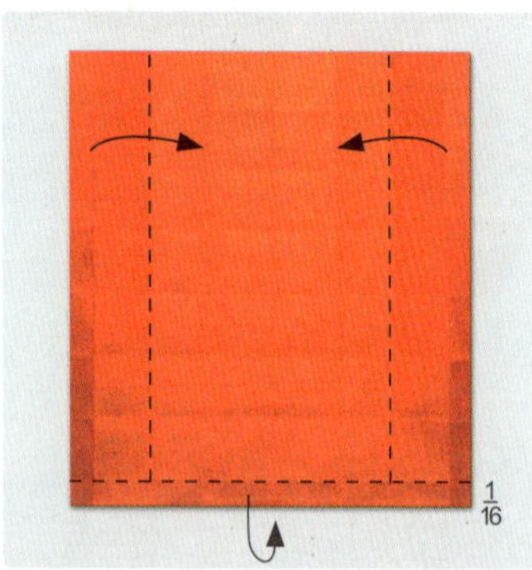

3 先依照虚线将下边 1/16 处向背面折，然后依照虚线将左右两边朝箭头方向折。

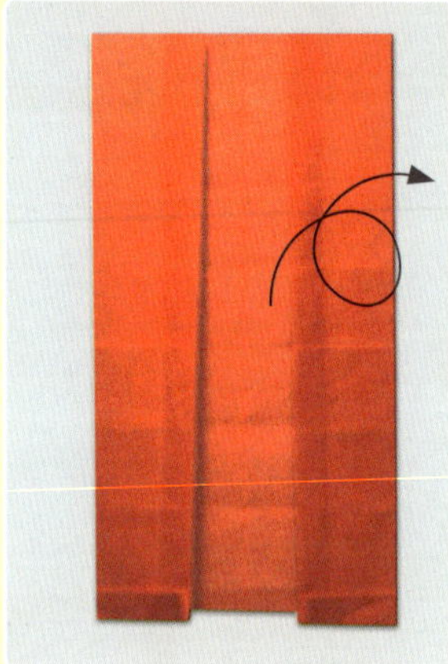

4 折好后，翻转。

5 先依照虚线折出折痕，然后依照折痕撑开，再压折。

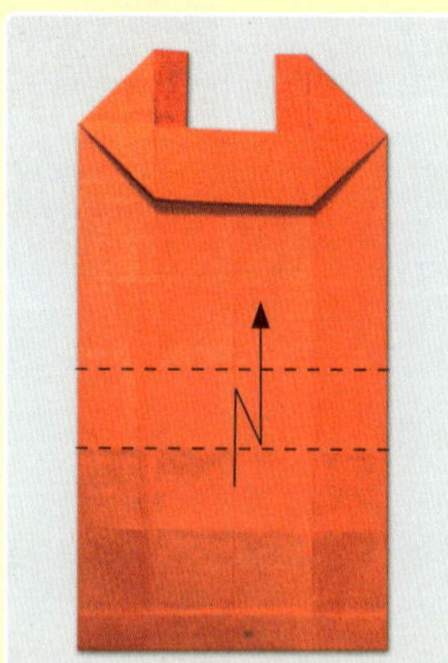

6 依照虚线进行曲折。

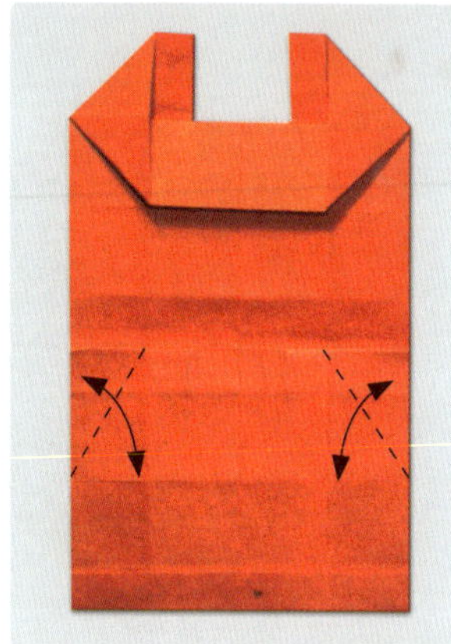

7 依照虚线将左右两角向里折，然后复原留下折痕。

8 折好后，翻转。

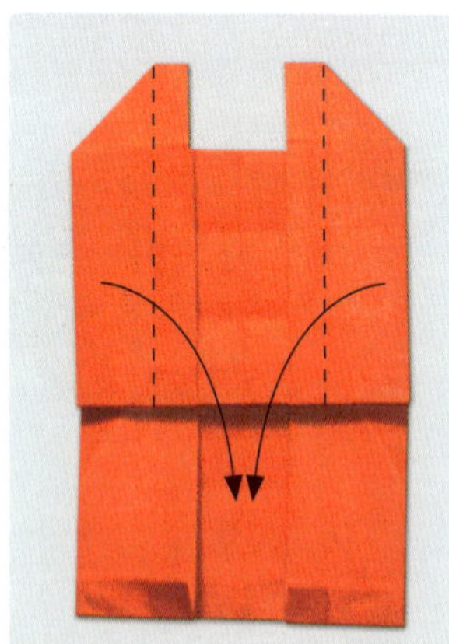

9 先依照虚线折出折痕，然后依照折痕朝箭头方向撑开，再压折。

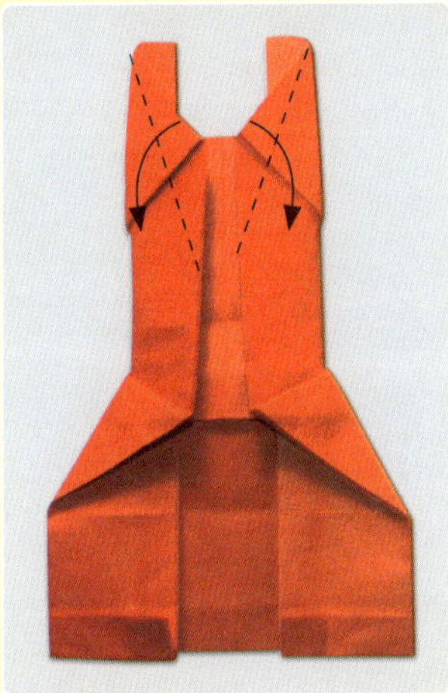

10 依照虚线将两角朝箭头方向折。

11 折好后，翻转，完成。

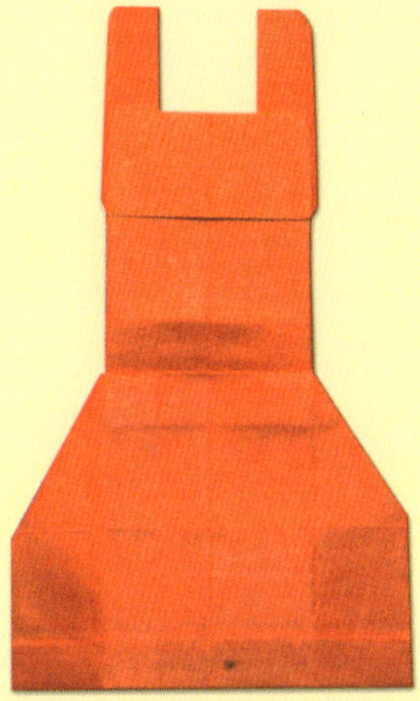

用双面的纸折，背带裙会更好看。

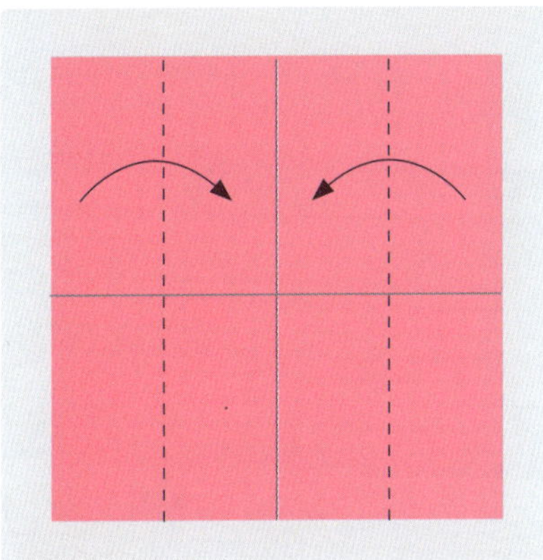

1 使用一张正方形的纸，背面朝上，先折出十字形折痕，然后将两边向中线折。

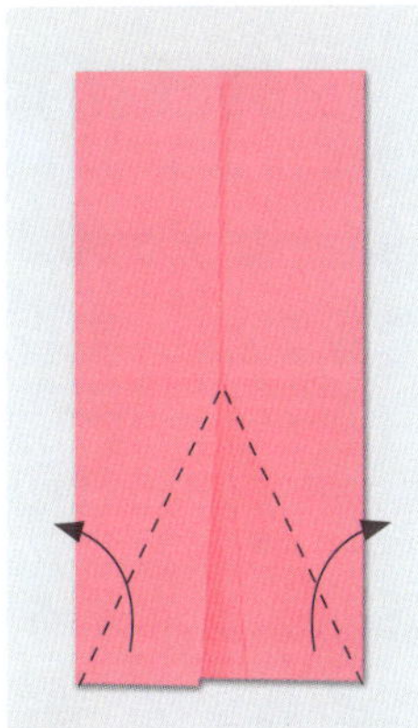

2 依照虚线将上层两角朝箭头方向折，即展开裙摆。

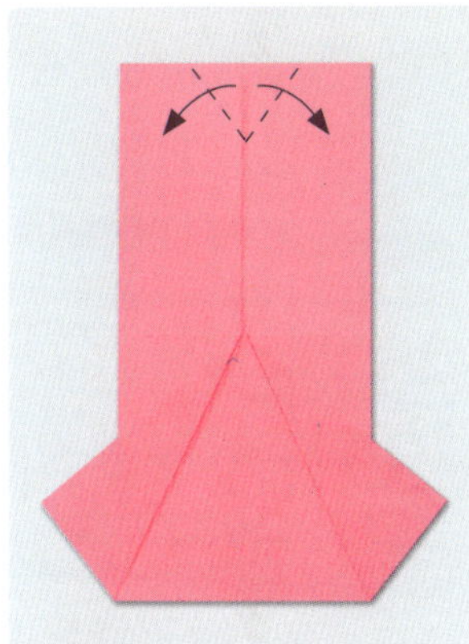

3 依照虚线将上层两角朝箭头方向折，即展开衣领。

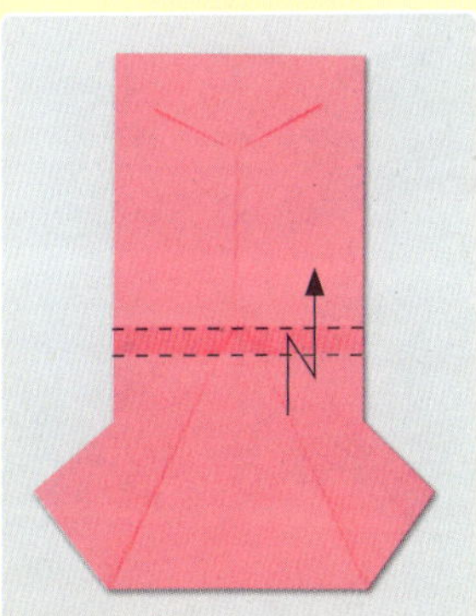

4 依照虚线进行曲折。

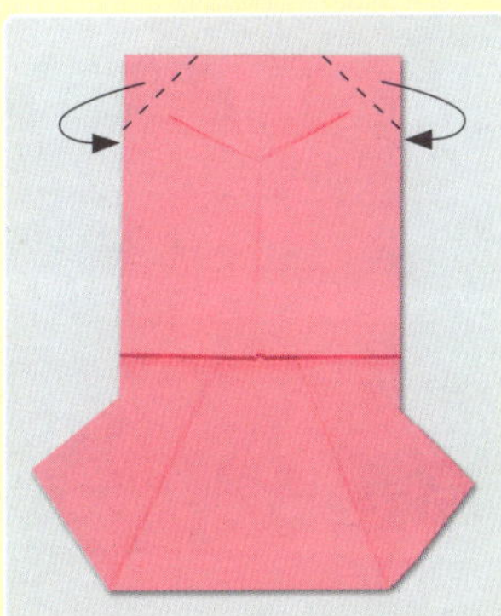

5 依照虚线将两角向背面折，完成。

用双面的纸折，连衣裙会更好看。

动物篇

折纸技巧

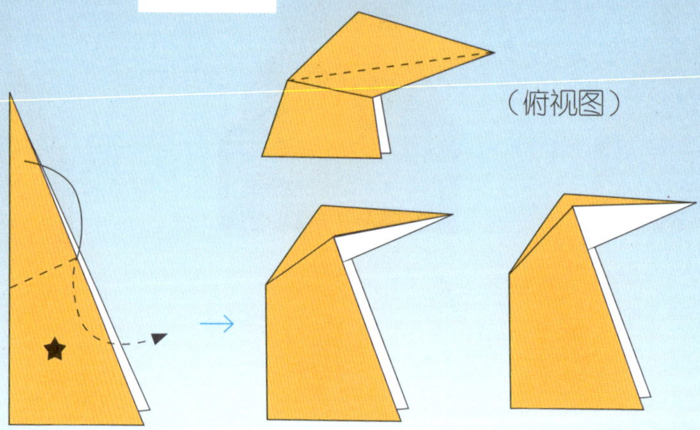

内压折技巧

依照虚线前后都折一下，留下折痕。依折痕向内压入会更容易。

压入时用一只手捏住★部位，用另一只手的拇指撑开，用食指向内压入。

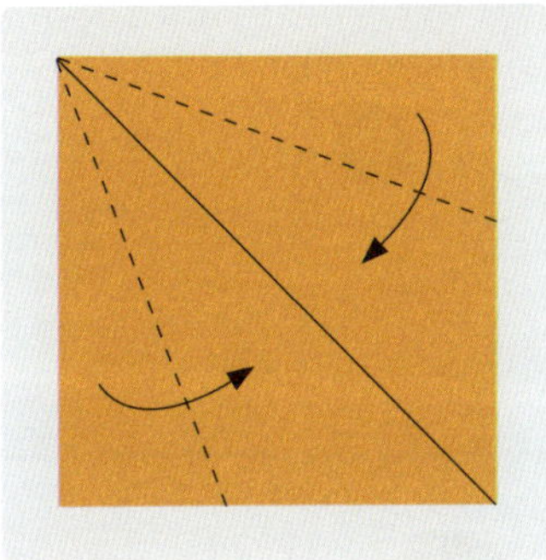

1 使用一张正方形的纸,先两角对折折出折痕,然后将两角向对角线折。

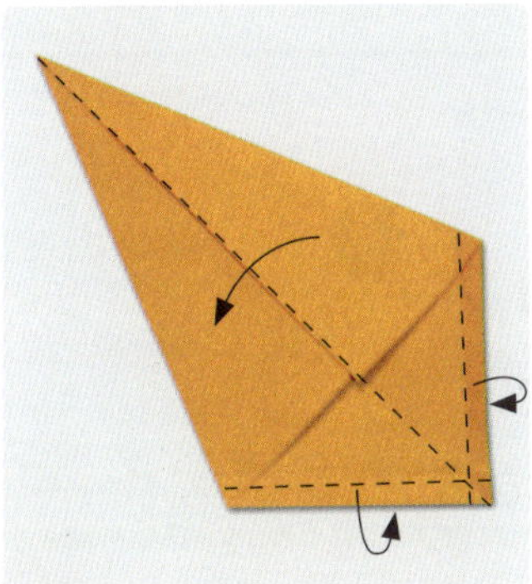

2 先依照虚线将两边向背面折，然后依照虚线朝箭头方向对折。

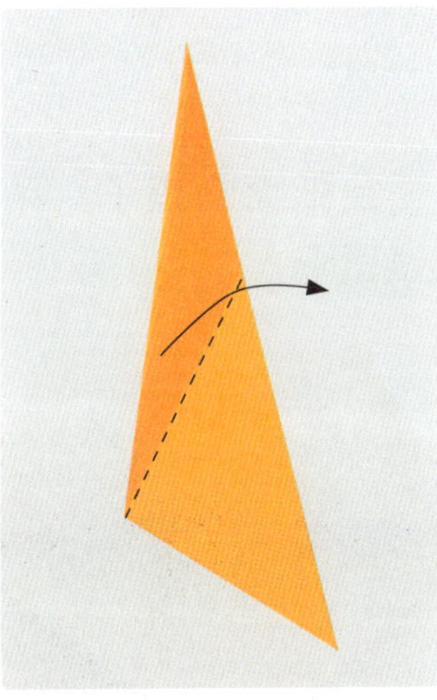

3 依照虚线将顶角朝箭头方向折。

4 先依照虚线折出折痕，然后如图所示，依照折痕朝箭头方向撑开，再压折。

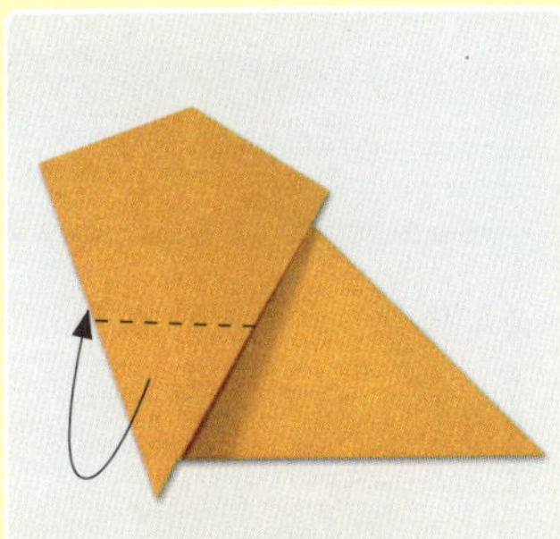

5 依照虚线将上层底角折入纸缝中。

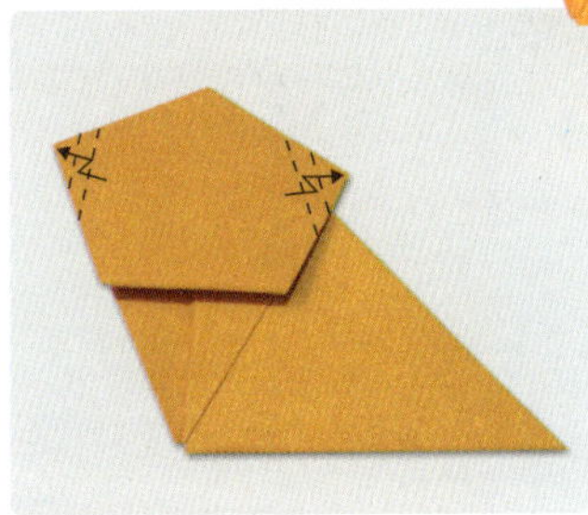

6 依照虚线进行曲折。

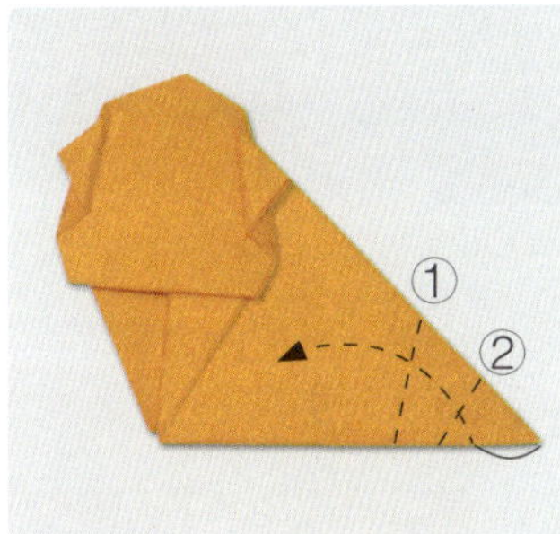

7 先依照虚线①折出折痕，再依照折痕向内压折。然后依照虚线②折出折痕，再依照折痕向内压折。

小猫"喵喵喵"。

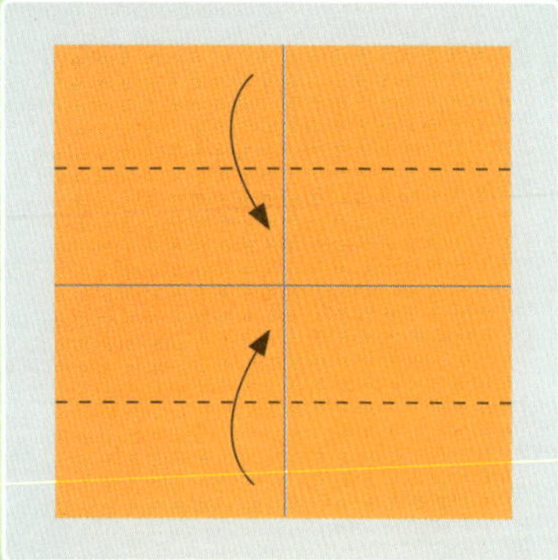

1 使用一张正方形的纸，背面朝上，先折十字形的折痕，然后依照虚线将上下两边向中线折。

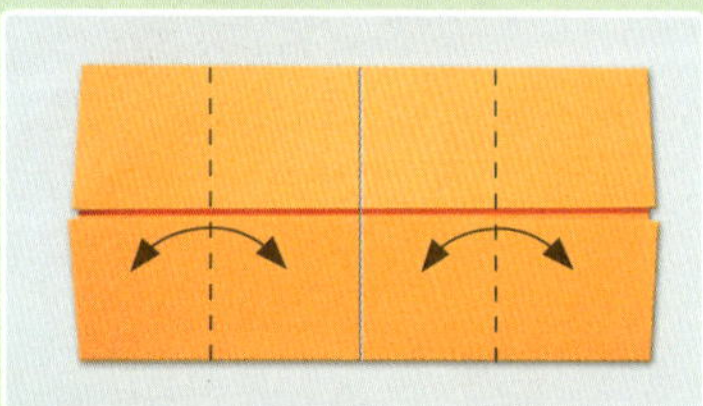

2 依照虚线将左右两边向中线折，然后复原留下折痕。

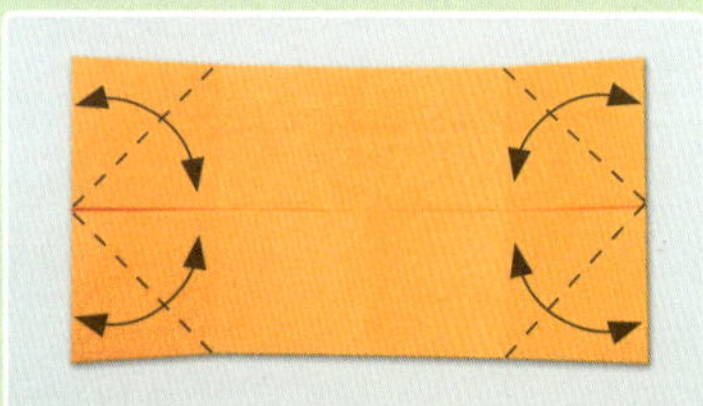

3 依照虚线将四个角向中线折，然后复原留下折痕。

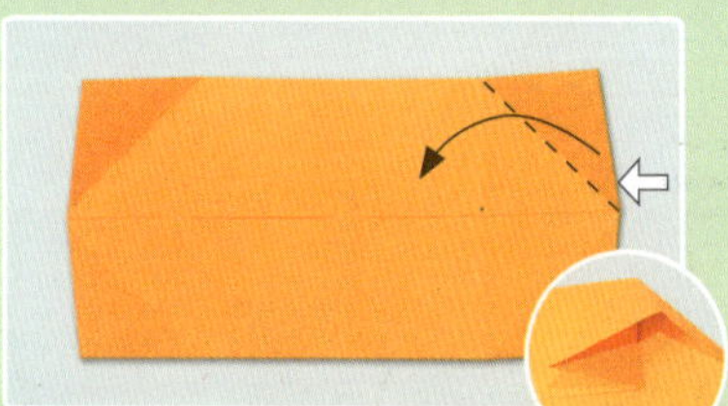

4 如图所示，依照折痕朝箭头方向撑开，再压折。四个角以相同的折法折好。

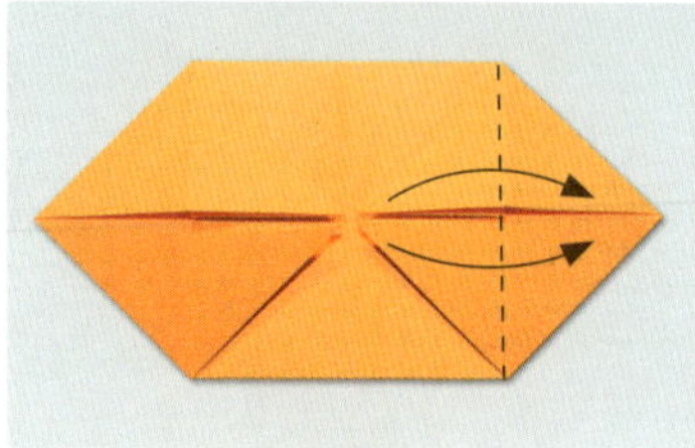

5 依照虚线将右边上层两角朝箭头方向折。

6 依照虚线折出折痕，然后依照折痕将上下两角分别向内压折。

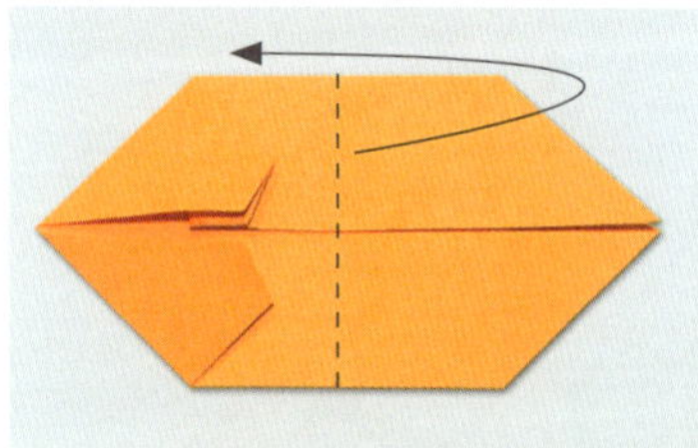

7 依照虚线将左边向背面对折。

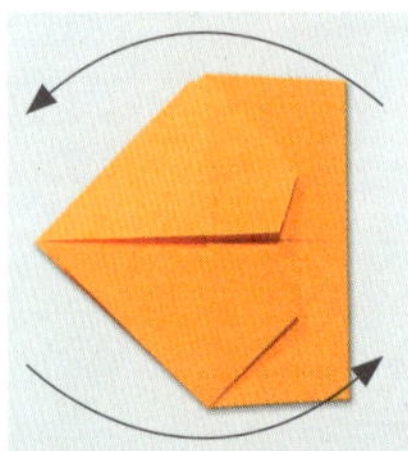

8 折好后，顺时针旋转 90 度。

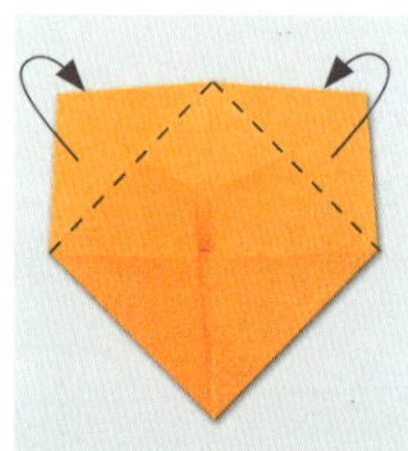

9 依照虚线将两顶角向背面折。

10 整理一下，画上眼睛，完成。

会张嘴的鸭子，动手试试吧！

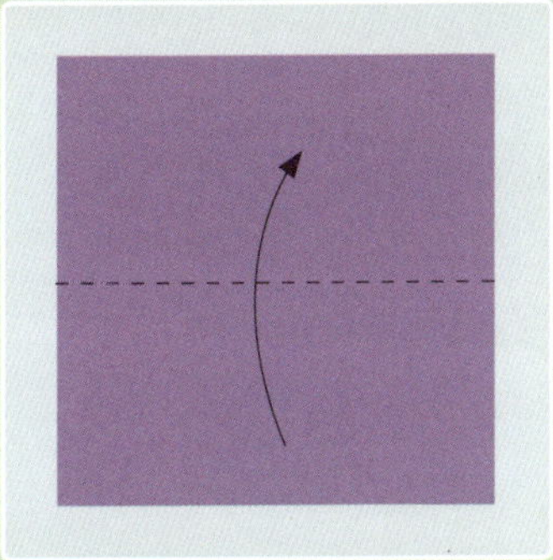

1 使用一张正方形的纸，背面朝上，将上下两边对折。

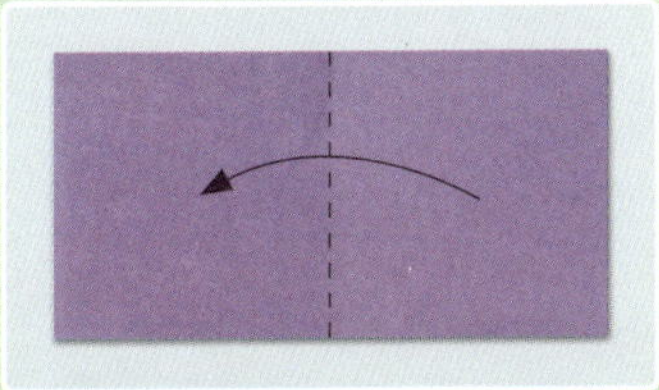

2 依照虚线将左右两边对折。

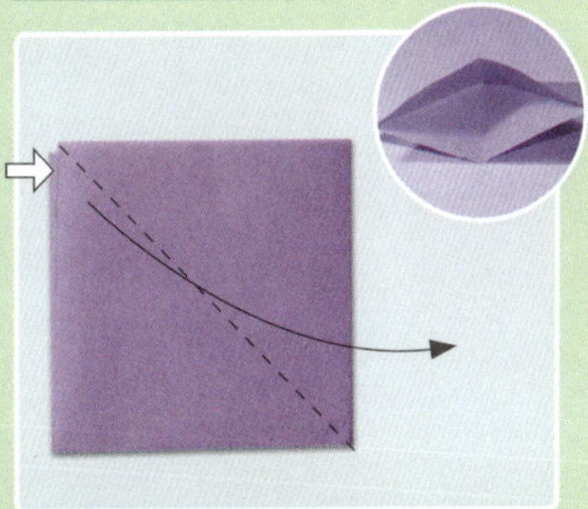

3 先依照虚线折出折痕，然后如图所示，依照折痕朝箭头方向撑开，再压折。

4 折好后，翻转。

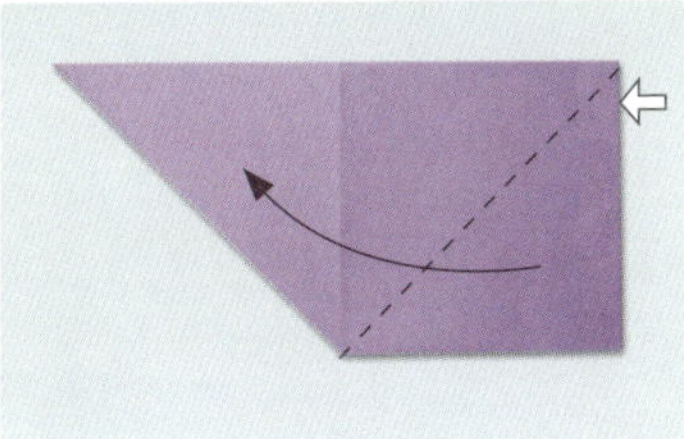

5 以相同的折法将右边朝箭头方向撑开，再压折。

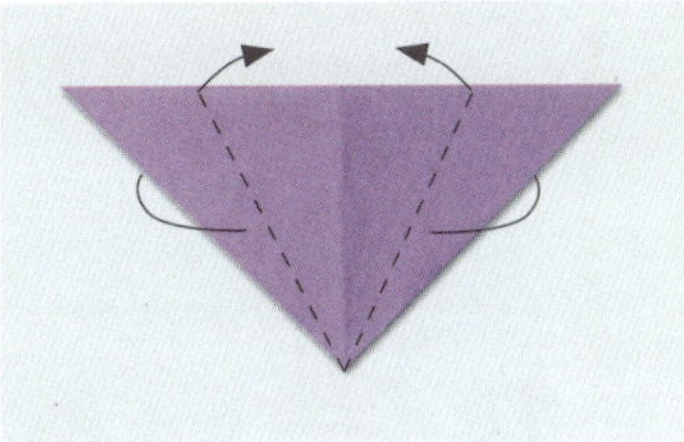

6 折成一个双三角形后，依照虚线将上层的左右两角向背面折。

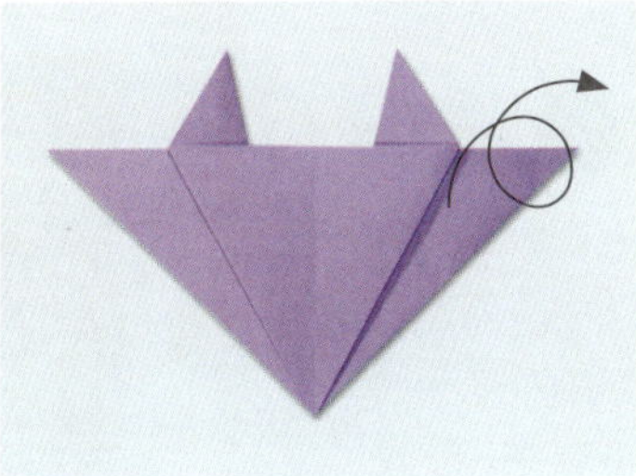

7 折好后，翻转。

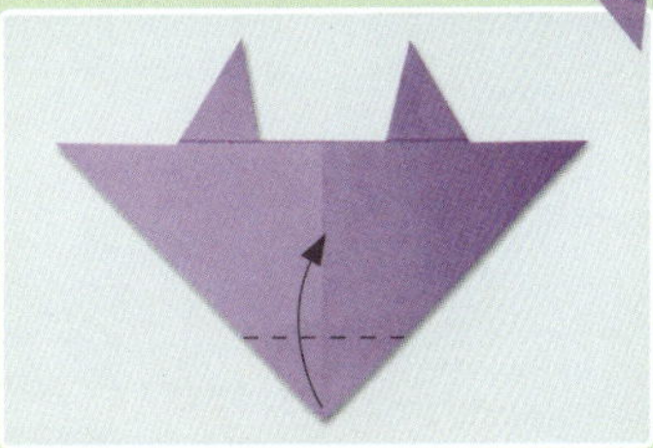

8 依照虚线将底角朝箭头方向折。

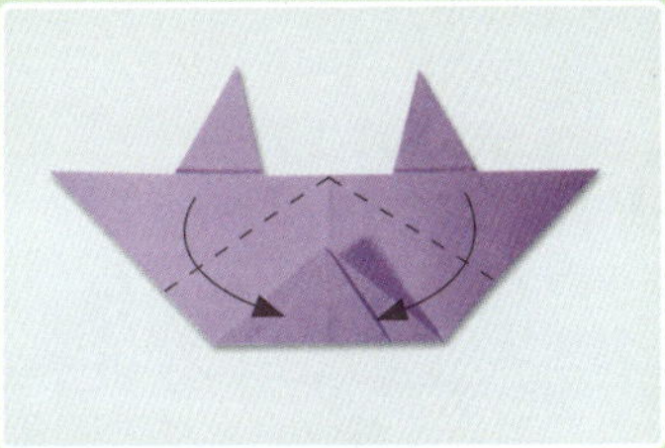

9 依照虚线将左右两角朝箭头方向折。

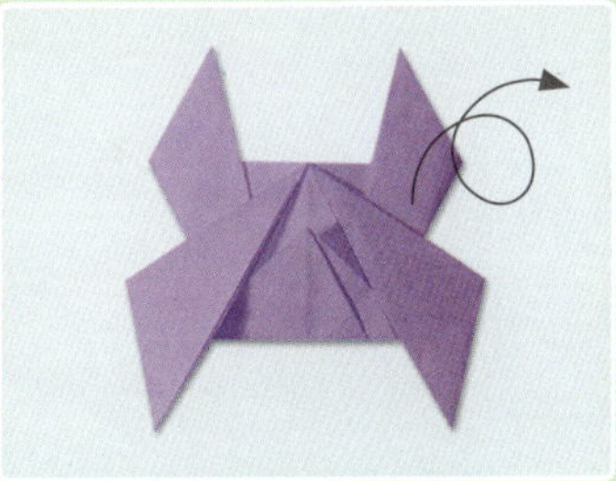

10 折好后，翻转，画上眼睛。

呵呵，一只简单而又形态可爱的小螃蟹。简单易学，折一个玩玩吧！

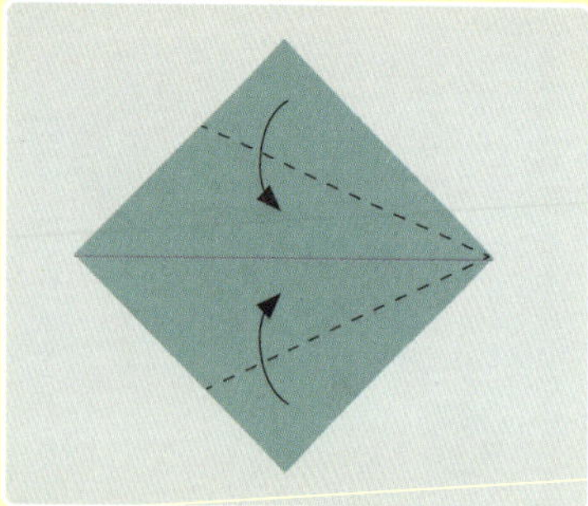

1 使用一张正方形的纸，背面朝上，先上下角对折折出折痕，然后依照虚线将两角向对角线折。

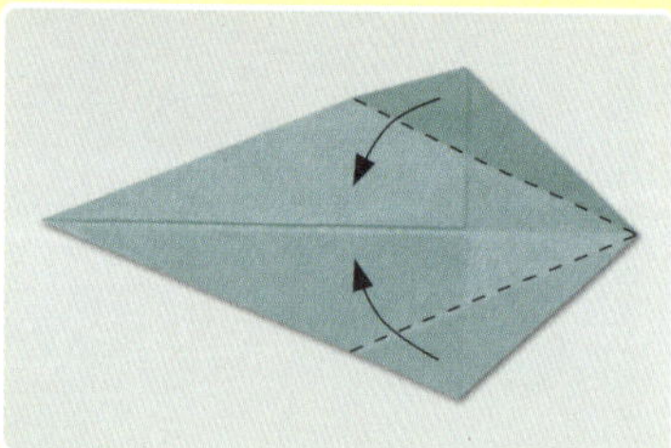

2 依照虚线将两角向中线折。

3 依照虚线进行曲折。

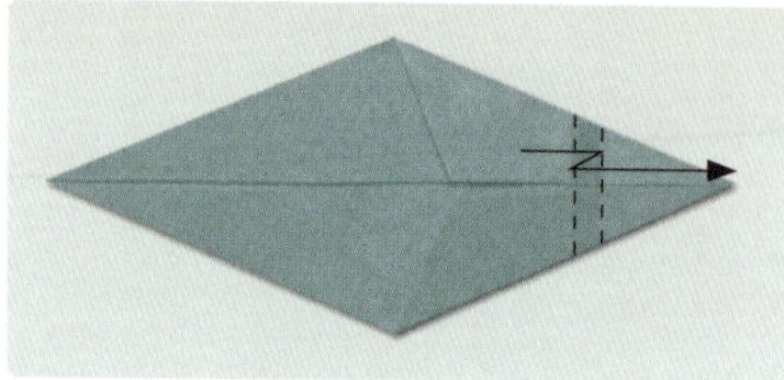

4 依照虚线将下边向背面对折。

5 先依照虚线折出折痕，然后依照折痕将左边角向内压折。

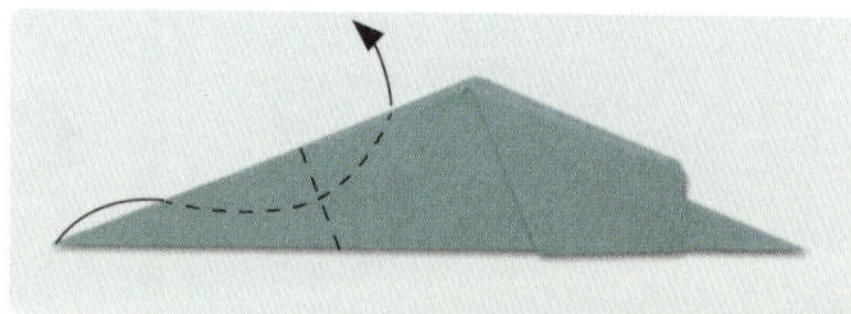

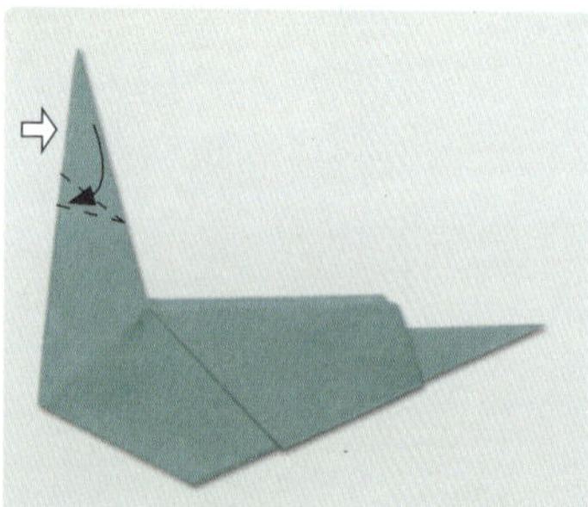

6 先依照虚线折出折痕，然后依照折痕朝箭头方向撑开，再压折。

7 依照虚线进行曲折，折好后画上眼睛，完成。

保护小动物，从我做起！不打、不养、不杀、不吃小麻雀。

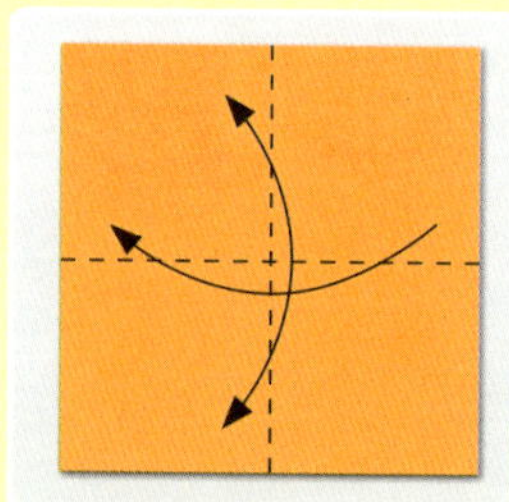

1 使用一张正方形的纸，背面朝上，先上下两边对折，然后左右两边对折。

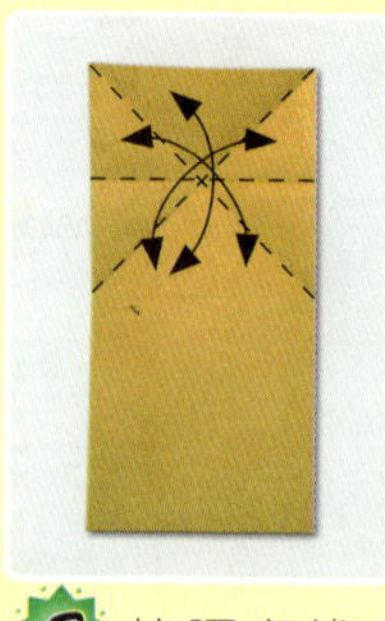

2 依照虚线先将上边向中线折，再对角折，然后复原留下折痕。

3 如图所示依照折痕朝箭头方向内压折。

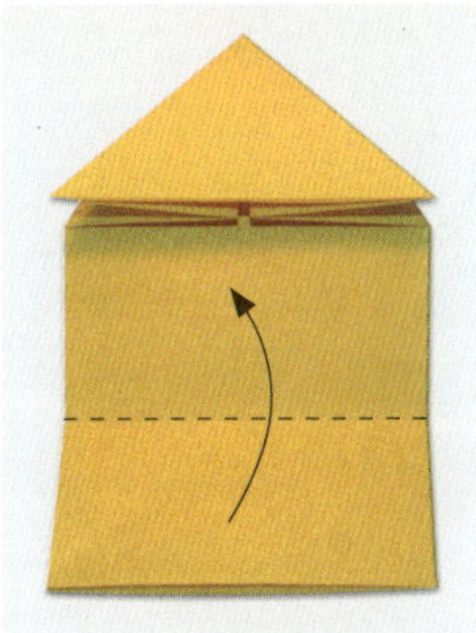

4 依照虚线将下边朝箭头方向折。

5 依照虚线将两边向中线折。

6 依照虚线将下边朝箭头方向折。

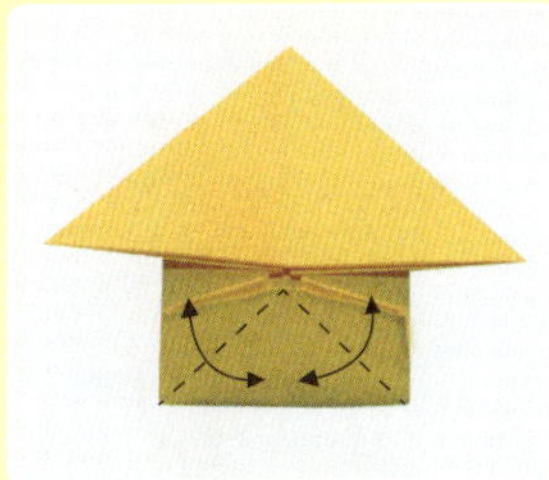

7 依照虚线将两角向下折出折痕。

8 依照折痕将两角朝箭头方向撑开，再压折。

9 依照虚线将四个角朝箭头方向折。

10 依照虚线将下边朝箭头方向折。

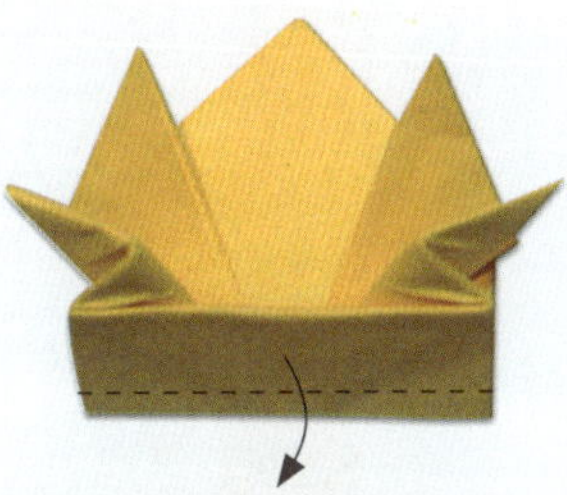

11 依照虚线将下边朝箭头方向折。

12 折好后，翻转，画上眼睛，完成。

会跳的青蛙，是爸爸妈妈童年时的经典玩具。折一个，让爸爸妈妈来回味一下童年的乐事。再比比谁的青蛙跳得远！

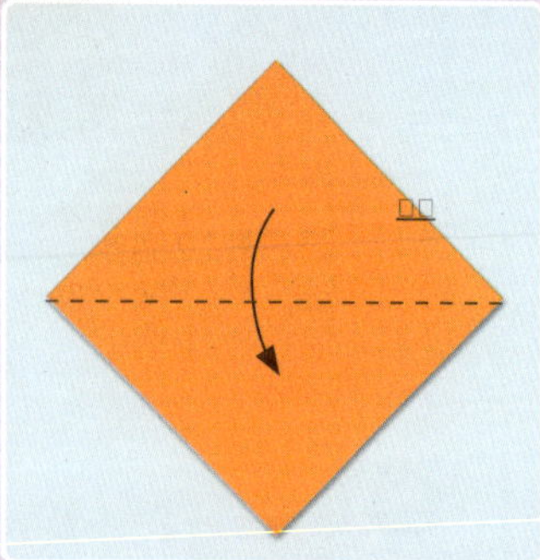

1 使用一张正方形的纸，背面朝上，依照虚线将上下角对折。

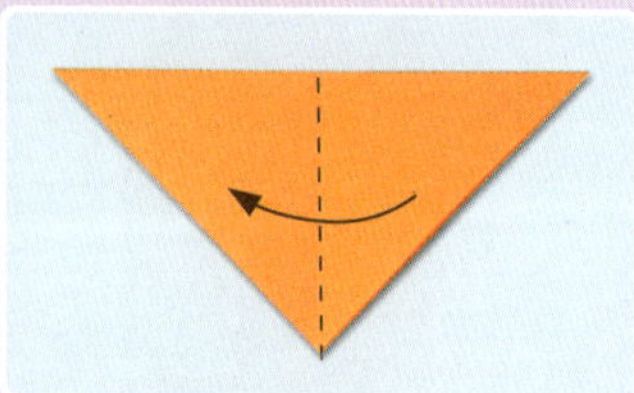

2 依照虚线将左右两角对折。

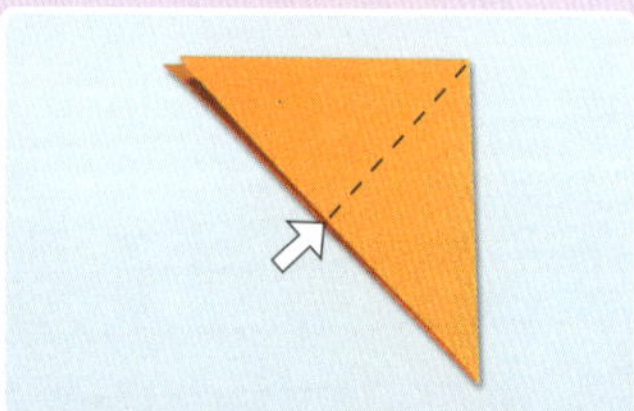

3 先依照虚线折出折痕，然后如图所示，依照折痕朝箭头方向撑开，再压折。

4 折好后，翻转。

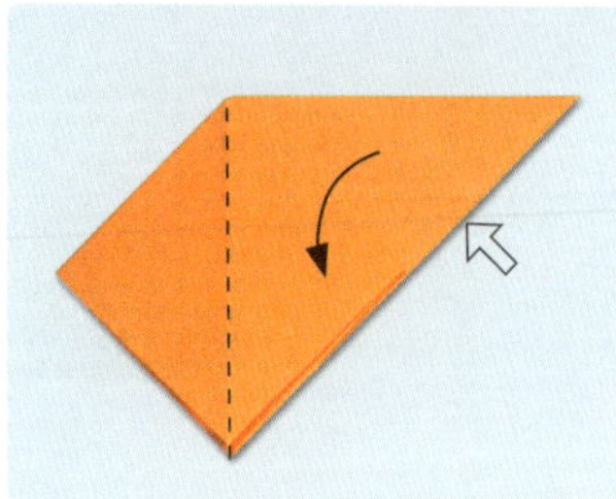

5 先依照虚线折出折痕，然后依照折痕朝箭头方向撑开，再压折。

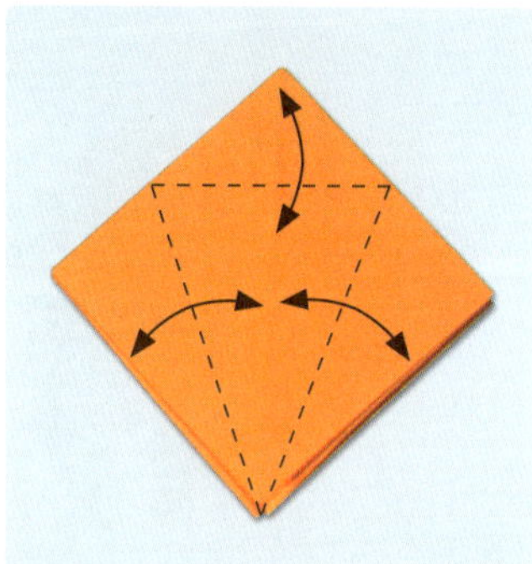

6 依照虚线将三个角向中间折，然后复原留下折痕。

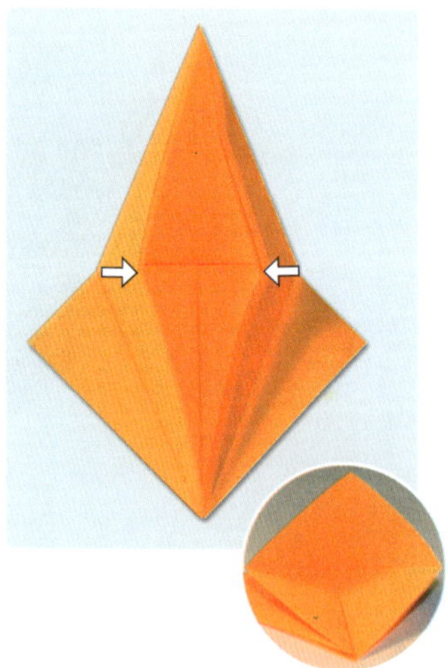

7 依照折痕将底角向上撑开，再压折。

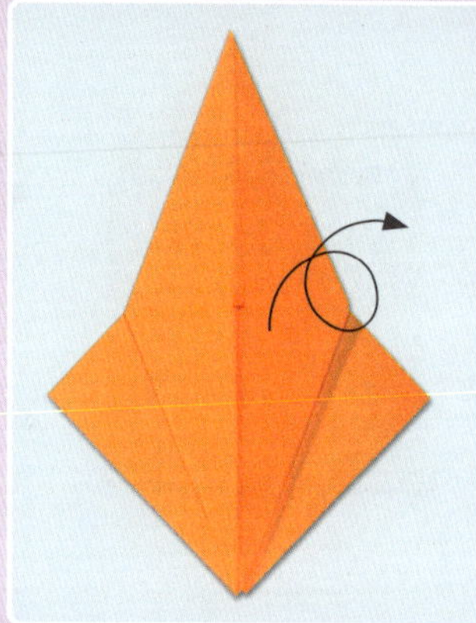

8 折好后，翻转，以同样的折法将背面也折成菱形。

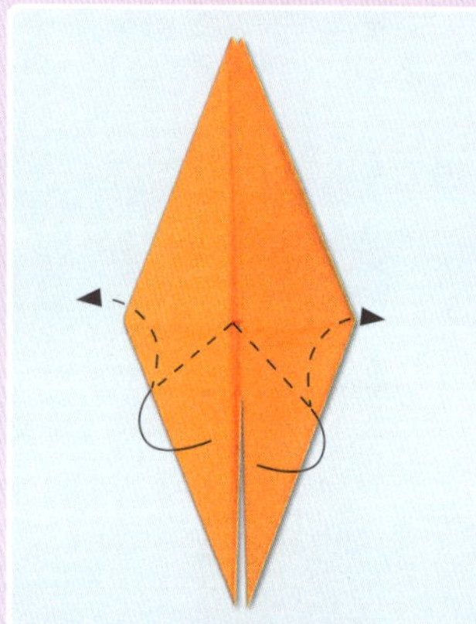

9 依照虚线折出折痕，然后依照折痕将两边向内压折。

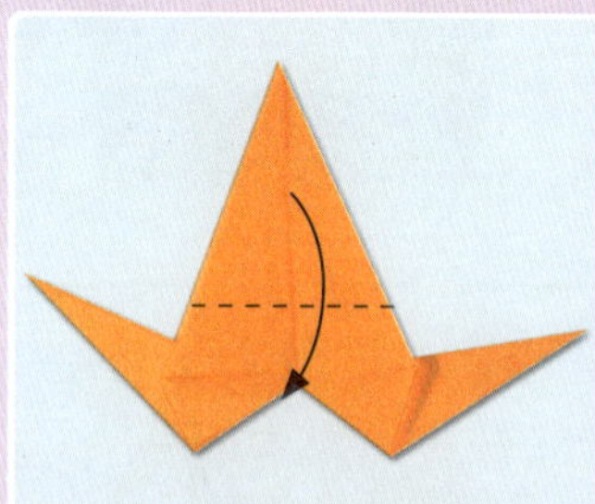

10 依照虚线将顶角朝箭头方向折。

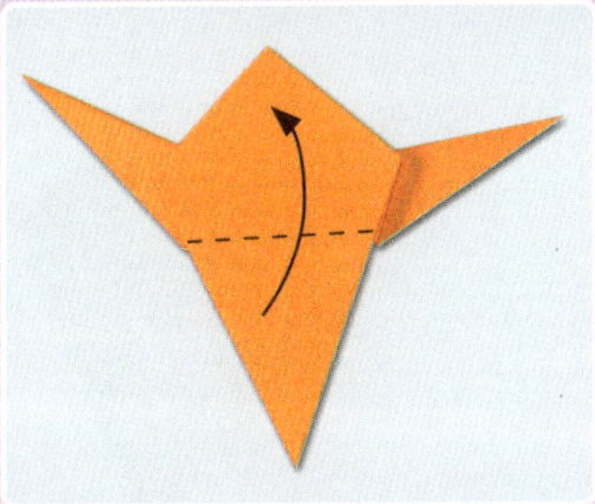

11 依照虚线将底角朝箭头方向折，背面以相同折法折。

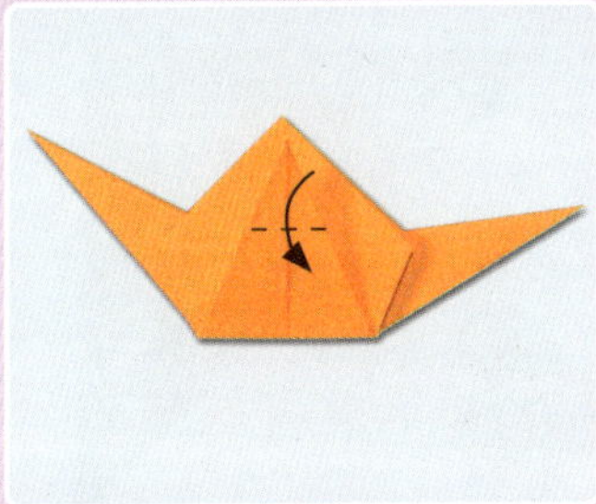

12 依照虚线将上层顶角朝箭头方向折，背面以相同折法折。

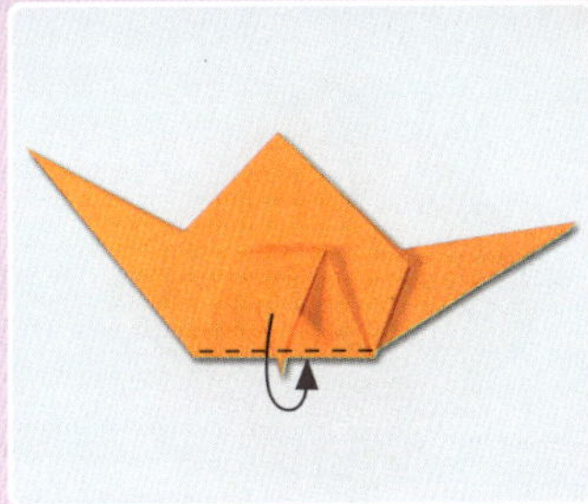

13 依照虚线将上层插入纸缝中，背面以相同折法插入纸缝中。

14 依照裁剪线剪开。

15 依照虚线将上层朝箭头方向折，折好的画上眼睛，完成。

小蜗牛，慢慢爬。

变变变

折到左边页第八步后，做个小变动，又一个小玩意儿出来了。

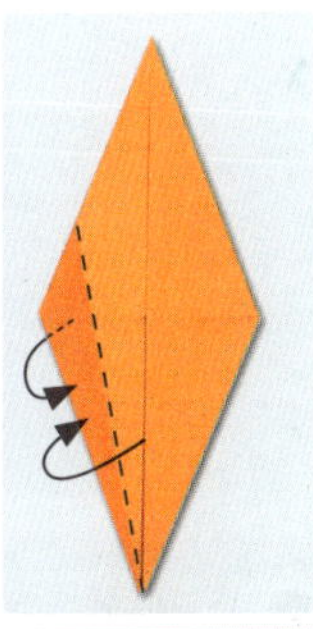

9 依照虚线将上层向前面折，下层向背面折。

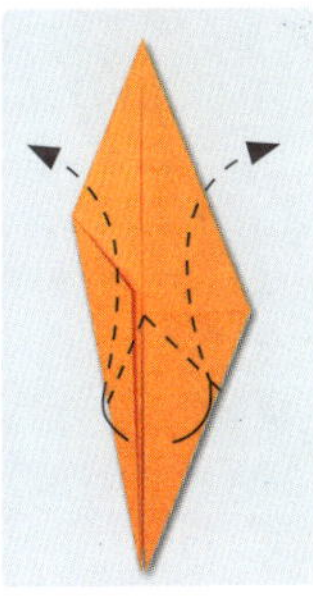

10 依照虚线折出折痕，然后依照折痕将左右两边向内压折。

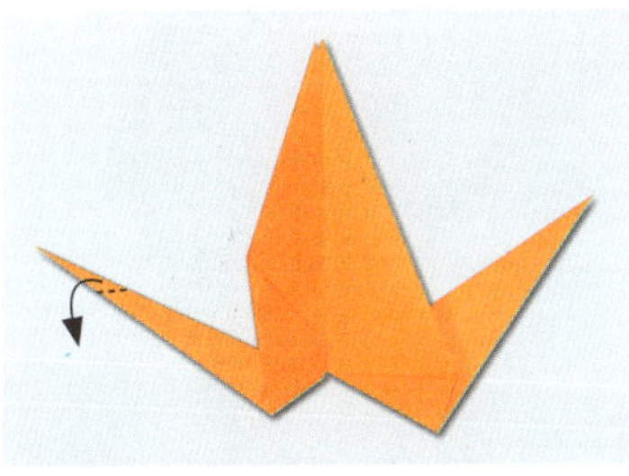

11 依照虚线将左边角向内压折，折出头部。

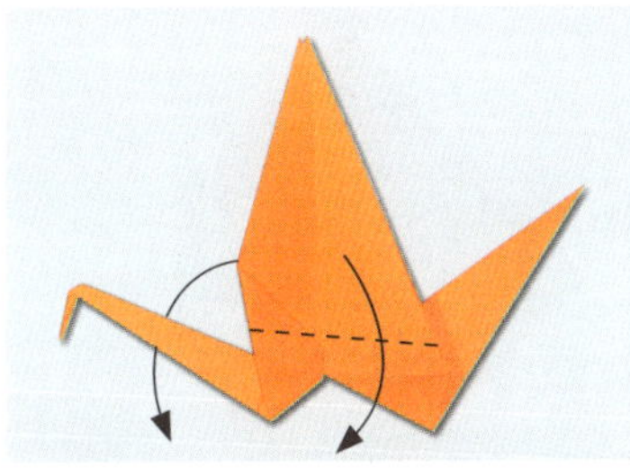

12 依照虚线将顶角朝箭头方向折，使其置于水平状，即翅膀，完成。

这只纸鹤是可以飞的哟！不信就动手试试吧！

狗

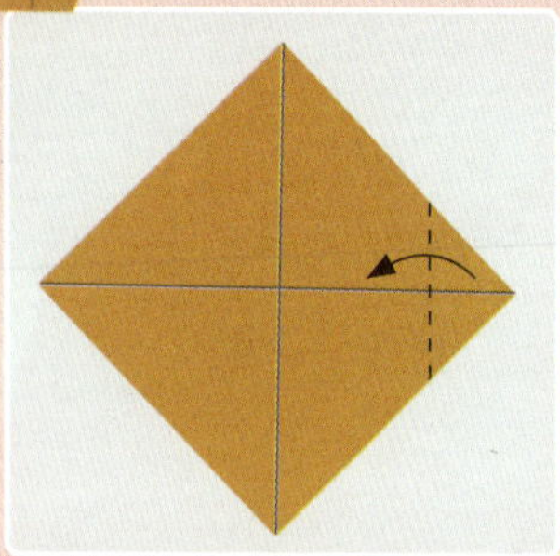

1 使用一张正方形的纸，正面朝上，先折出十字形折痕，然后依照虚线将右边角朝箭头方向折。

2 依照虚线将上层左边角朝箭头方向折。

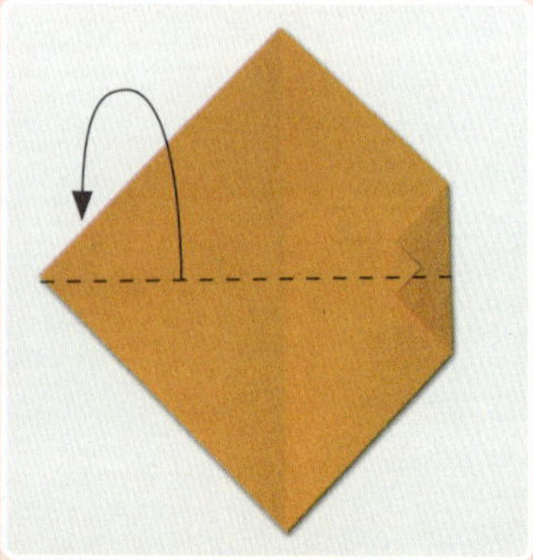

3 依照虚线将上边向背面对折。

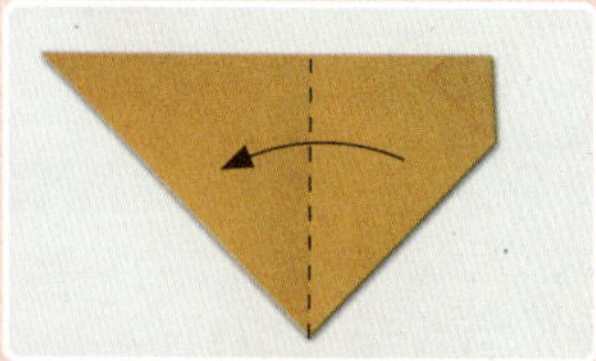

4 依照虚线将右边朝箭头方向折。

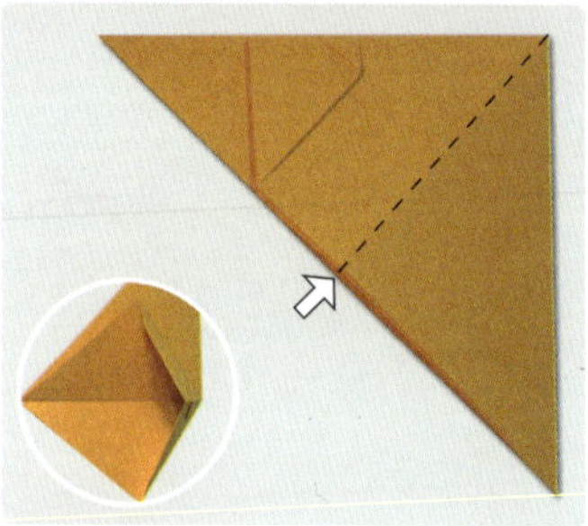

5 先依照虚线折出折痕，然后如图所示，依照折痕朝箭头方向撑开，再压折。

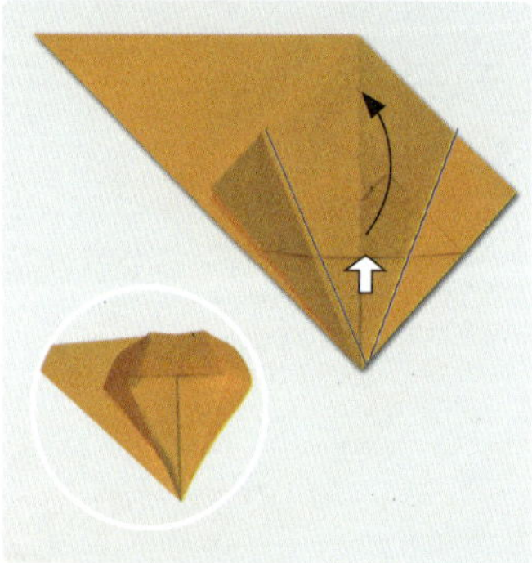

6 先依照虚线折出折痕，然后如图所示，依照折痕朝箭头方向撑开，再压折。

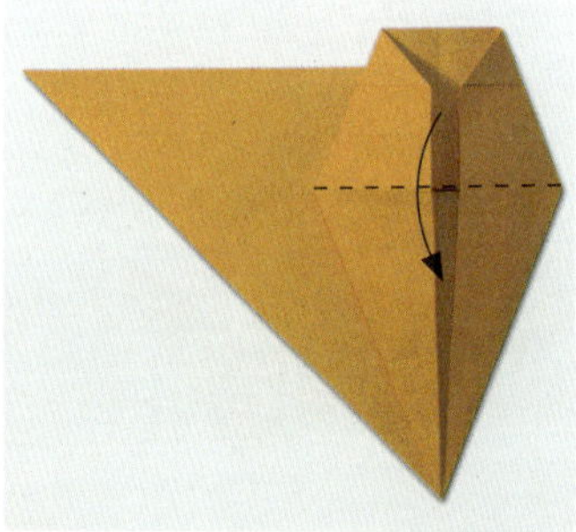

7 依照虚线将上层朝箭头方向折。

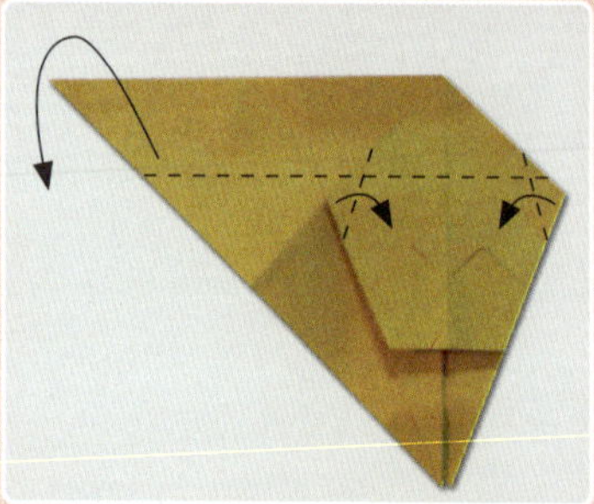

8 先依照虚线将上边向背面折。然后依照虚线将两角朝箭头方向折。

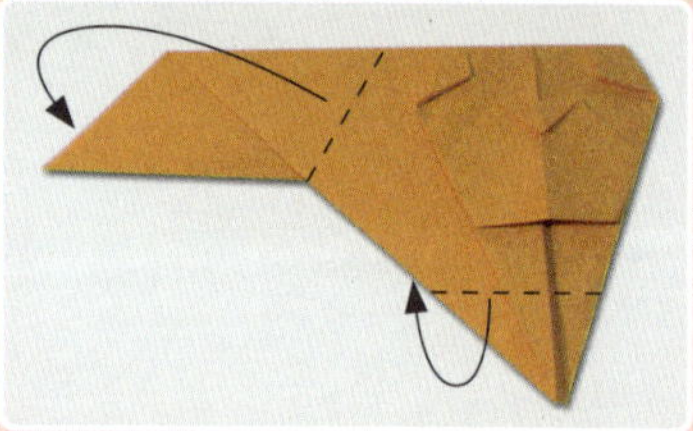

9 依照虚线向背面折。

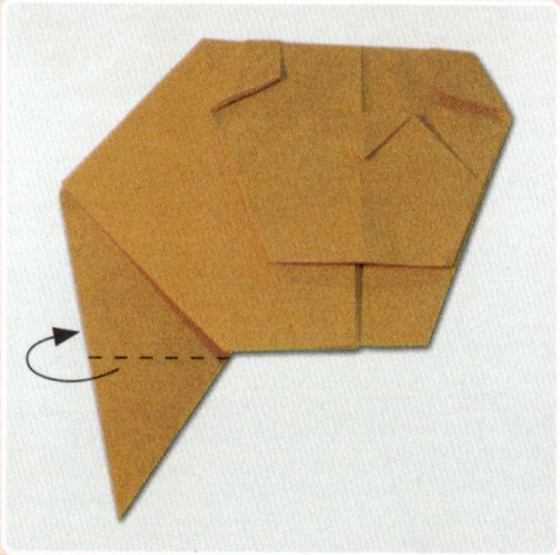

10 依照虚线将底角向背面折，折好后画上眼睛、鼻子和胡须，完成。

我的哈巴狗在瞪大眼睛帮我看家呢！

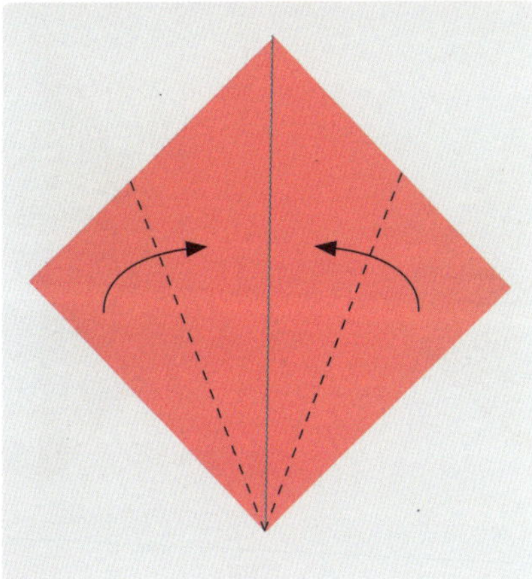

1 使用一张正方形的纸，先左右对折折出折痕，然后将两角向中线折。

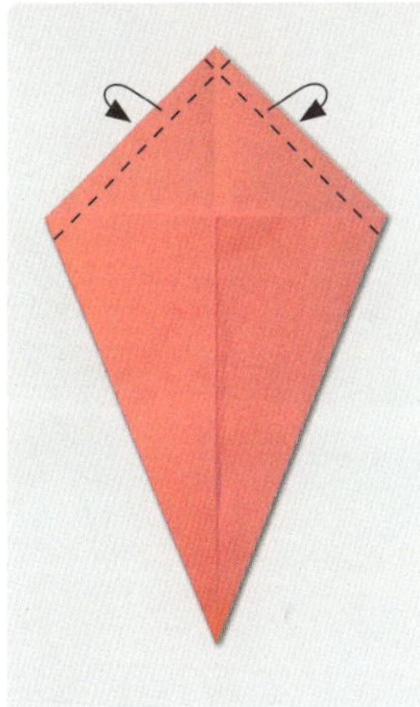

2 依照虚线将两边向背面折。

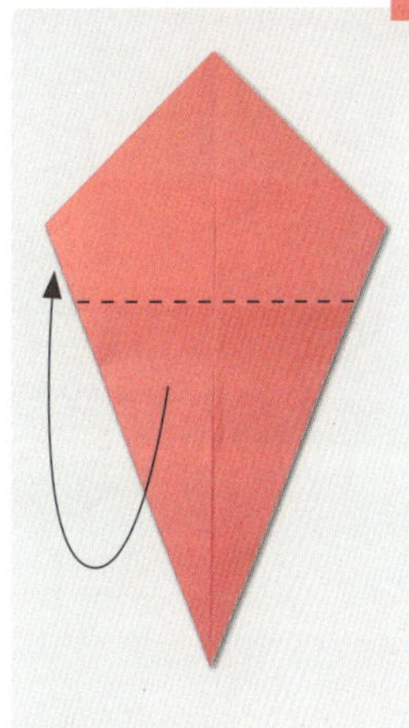

3 依照虚 将底角向背面折。

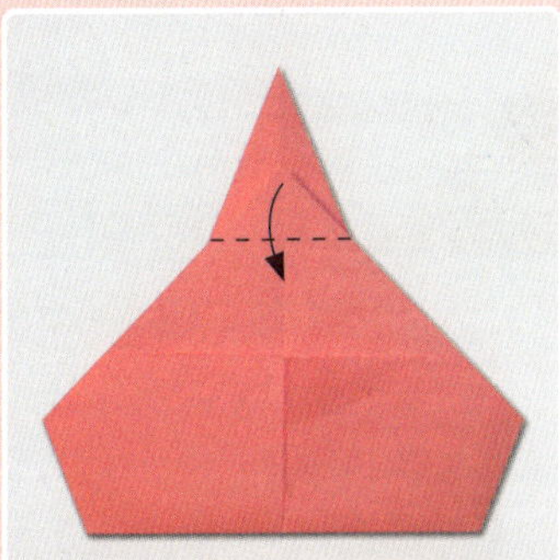

4 依照虚线将上层顶角朝箭头方向折。

5 依照虚线将下层顶角朝箭头方向折。

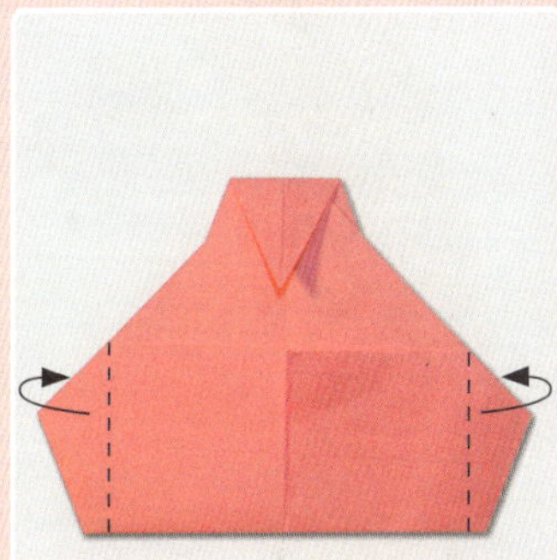

6 依照虚线将左右两角向背面折。

7 依照虚线将两顶角朝箭头方向折，底角向背面折。

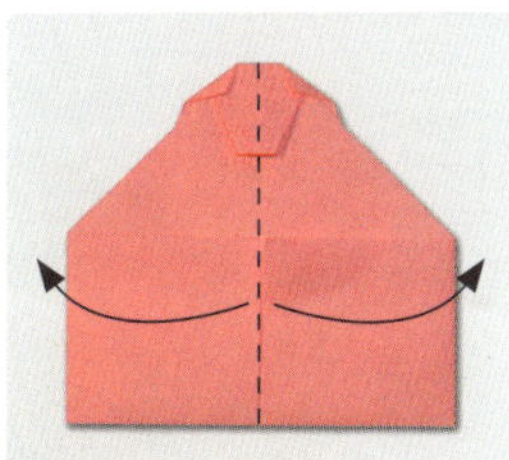

8 依照虚线将两边向背面对折一下，然后打开到能立稳的角度，画上耳朵、眼睛、嘴巴和门，完成。

我为小狗建了一座房子，想让它有个温暖的家。

大象

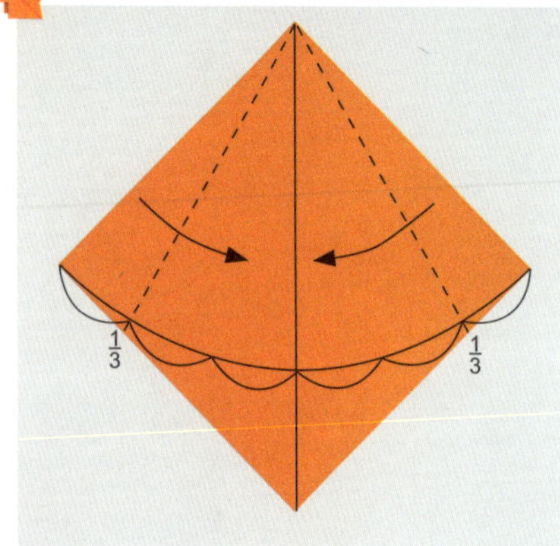

1 使用一张正方形的纸，背面朝上，先将左右两角对折折出折痕，然后如图所示将左右两角 1/3 处向中间折。

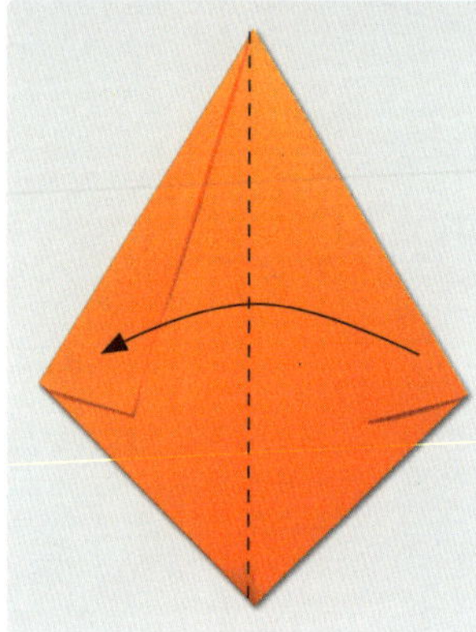

2 依照虚线将左右两角对折。

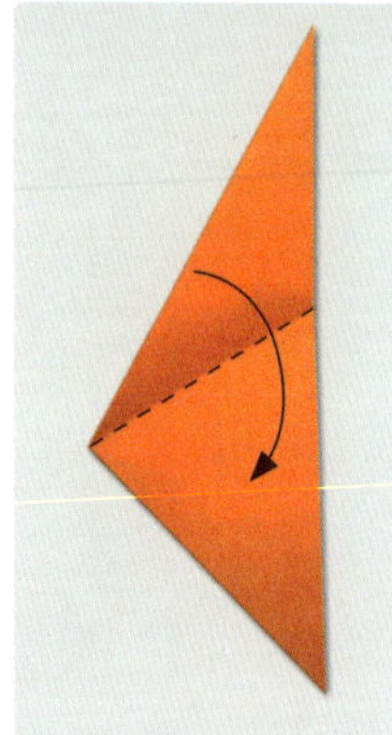

3 依照虚线将顶角朝箭头方向折。

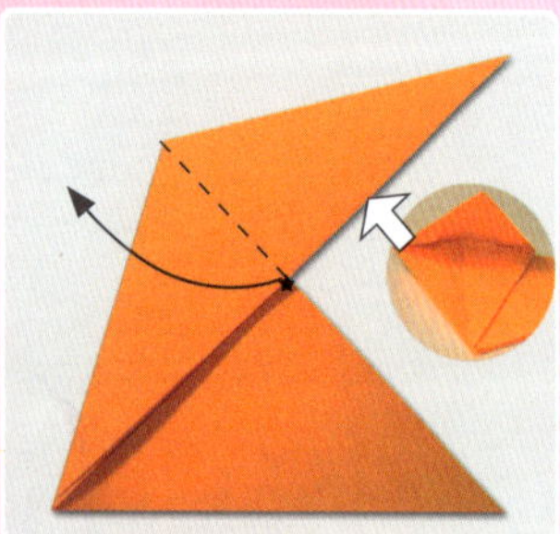

4 先依照虚线折出折痕，然后如图所示，依照折痕朝箭头方向撑开，再压折。

5 如图所示，依照裁剪线剪开。

6 依照虚线进行曲折。

7 依照虚线进行曲折。

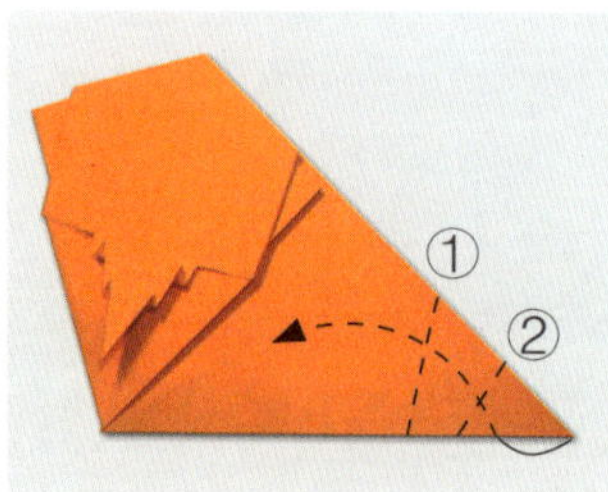

8 先依照虚线①折出折痕，再依照折痕向内压折。然后依照虚线②折出折痕，再依照折痕向内压折。

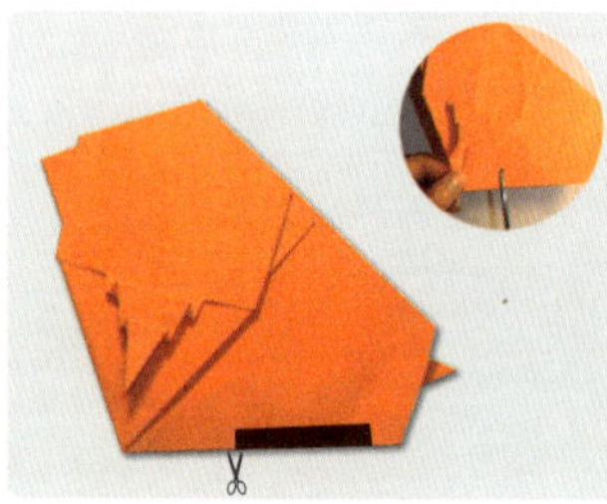

9 依照裁剪线剪去，完成。

形态憨态可鞠的大象，长长的鼻子，大大的耳朵。

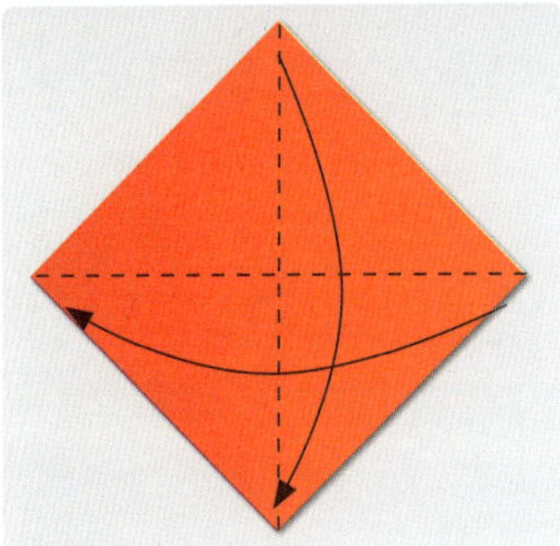

1 使用一张正方形的纸，背面朝上，将上下两边对折后左右对折。

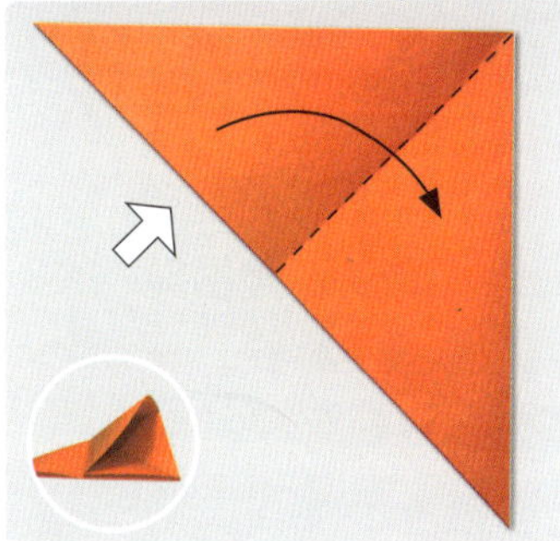

2 先依照虚线折出折痕，然后如图所示，依照折痕朝箭头方向撑开，再压折。

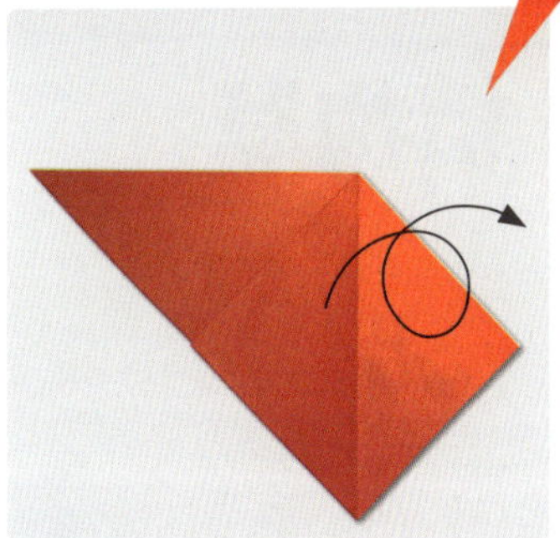

3 折好后翻转，将另一面以相同的折法折。

4 依照虚线将三个角向中间折，然后复原留下折痕。

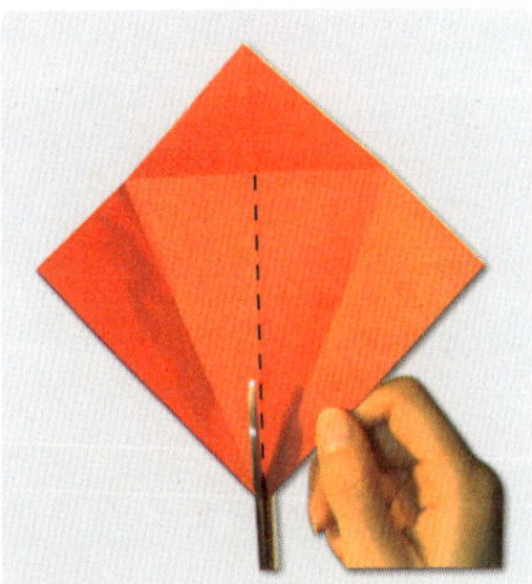

5 依照虚线剪开。

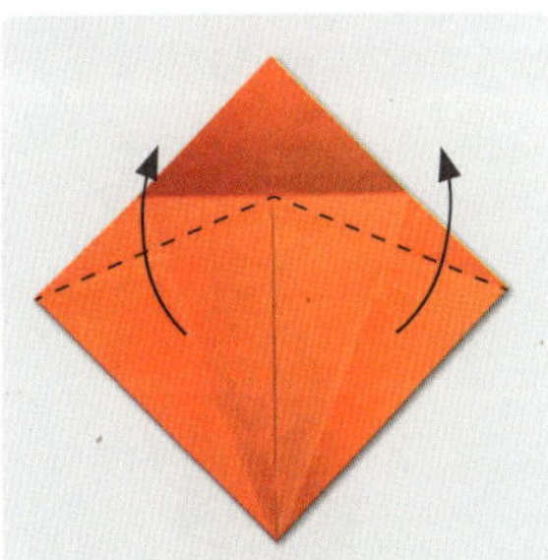

6 依照虚线将上层两角朝箭头方向折。

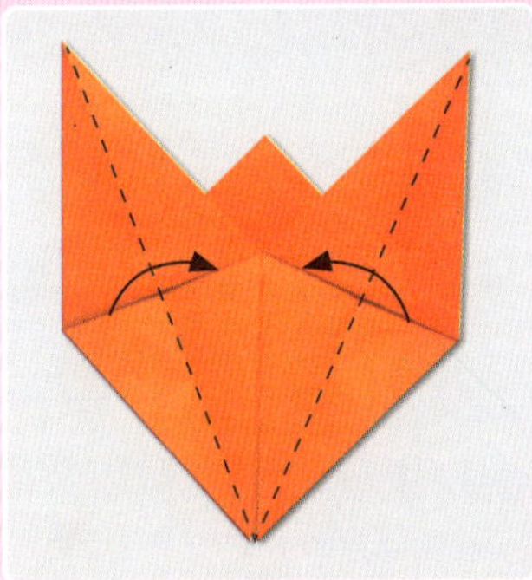

7 依照虚线将两边朝箭头方向折。

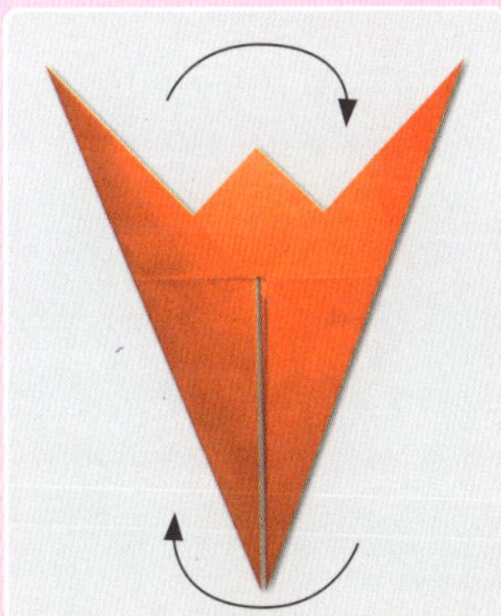

8 折好后，旋转90度。

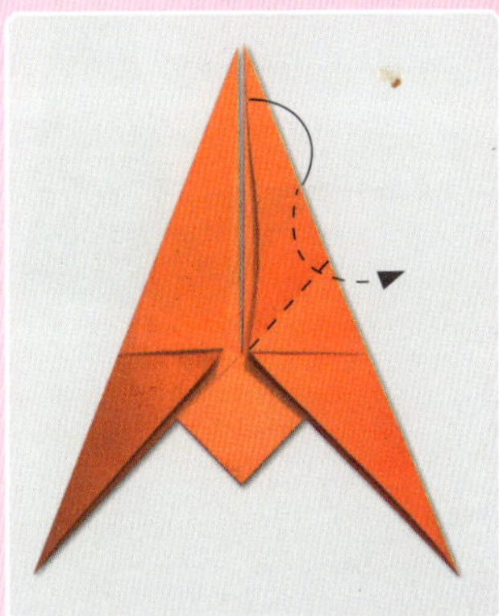

9 先依照虚线折出折痕，然后依照折痕将右上角向内压折。

10 先依照虚线折出折痕，然后依照折痕将左上角向内压折。

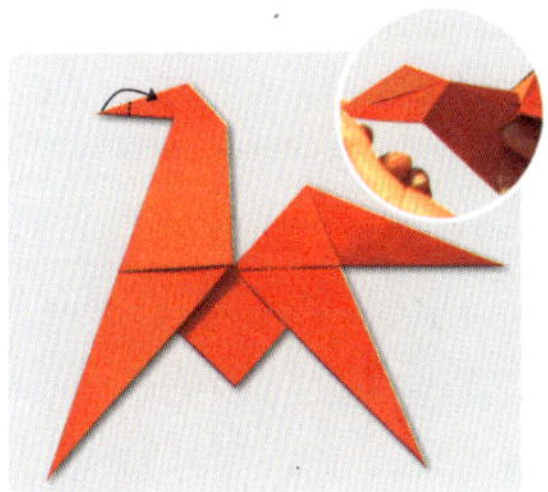

11 先依照虚线折出折痕，然后依照折痕将角向内压折，完成。

我的小骏马，跑起来吧！

植物篇

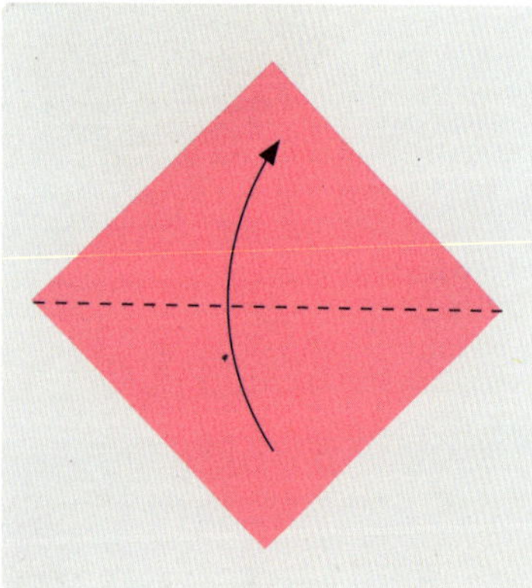

1 使用一张正方形的纸，背面朝上，依照虚线将上下两角对折。

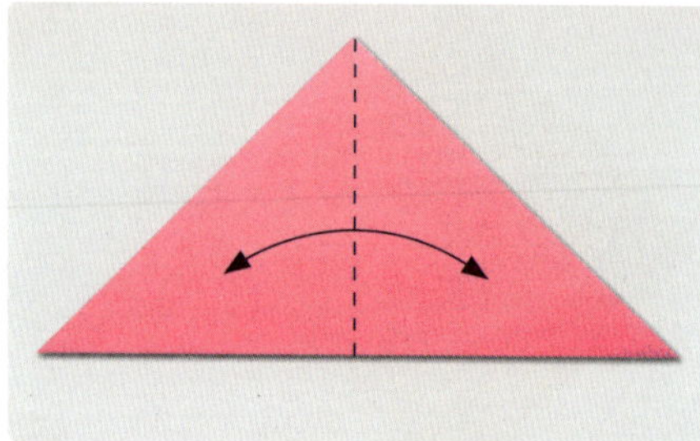

2 折好后再左右对折，然后复原留下折痕。

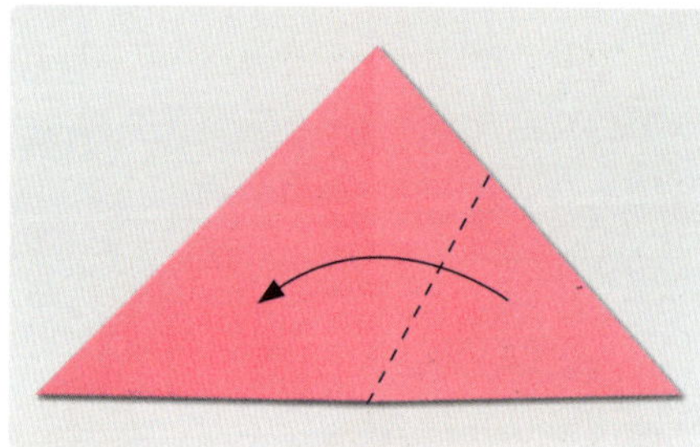

3 依照虚线朝箭头方向折。

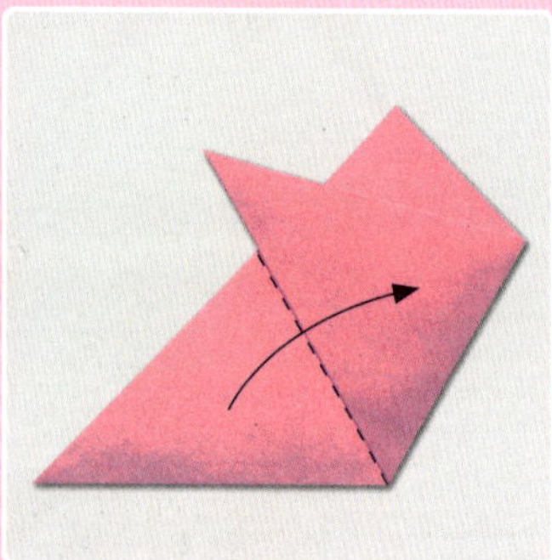

4 依照虚线将左下角朝箭头方向折。

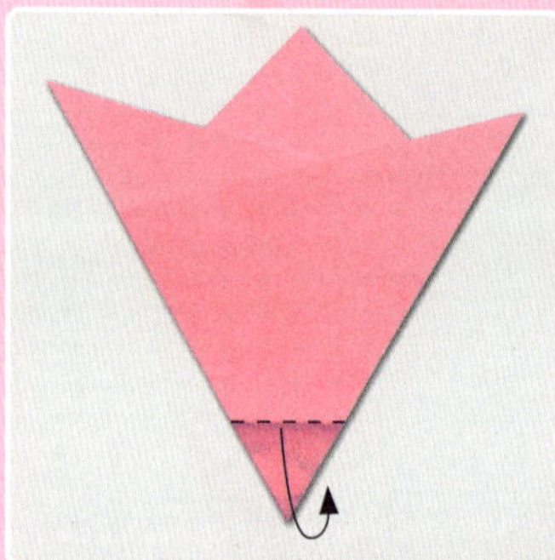

5 依照虚线将底角向背面折，完成。

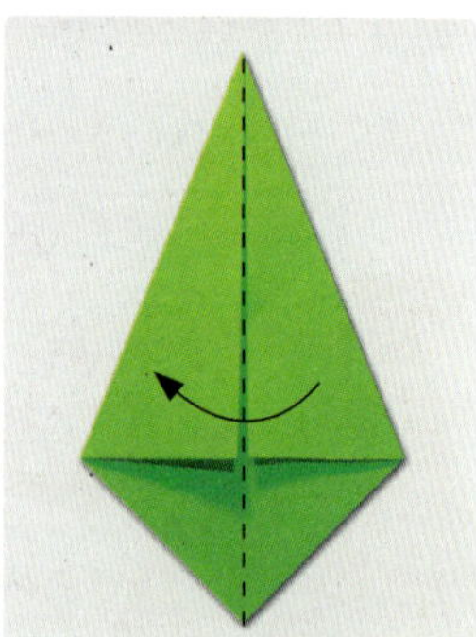

1 依照虚线将左右两角朝箭头方向对折。

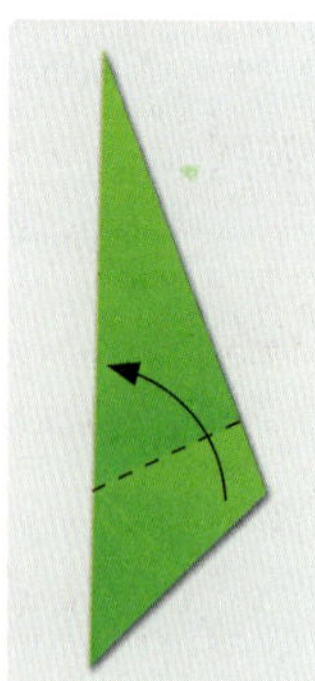

2 依照虚线将底边朝箭头方向折，完成。

水仙花

将花朵固定在花叶上。漂亮的水仙花就折好了。

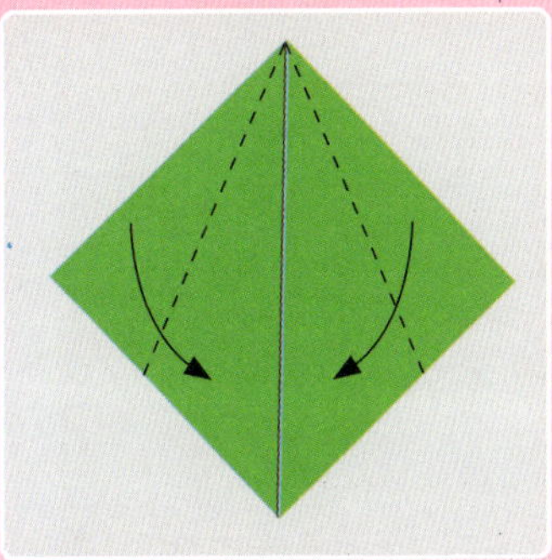

1 使用一张正方形的纸，背面朝上，先左右两角对折折出折痕，然后依照虚线将左右两角向对角线折。

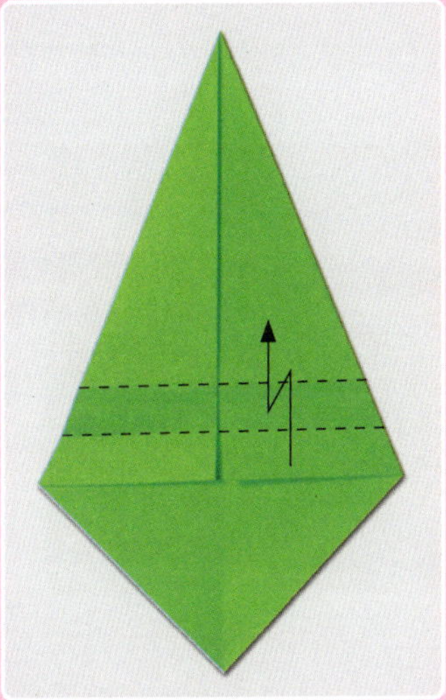

2 依照虚线曲折。

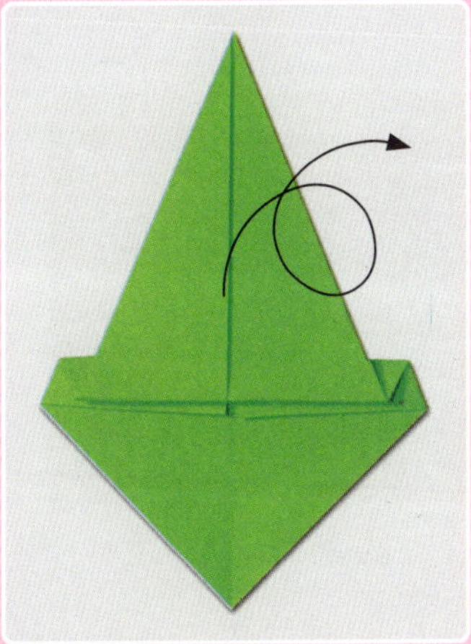

3 折好后，翻转。

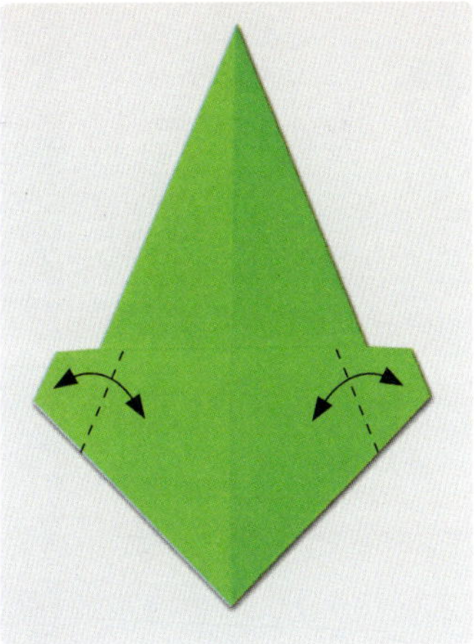

4 依照虚线将两角向内折，然后复原留下折痕。

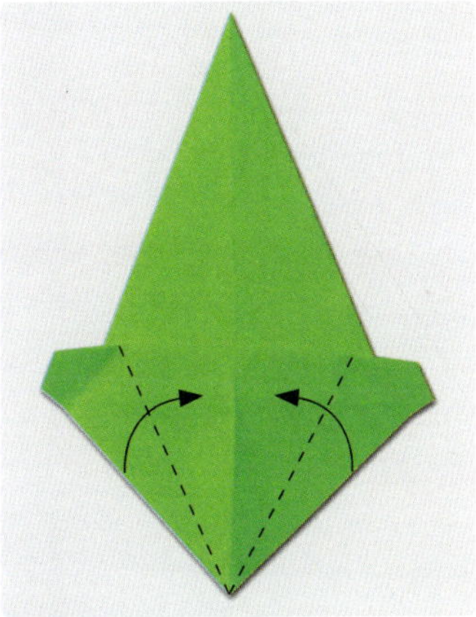

5 先依照虚线折出折痕，然后依照折痕朝箭头方向撑开，再压折。

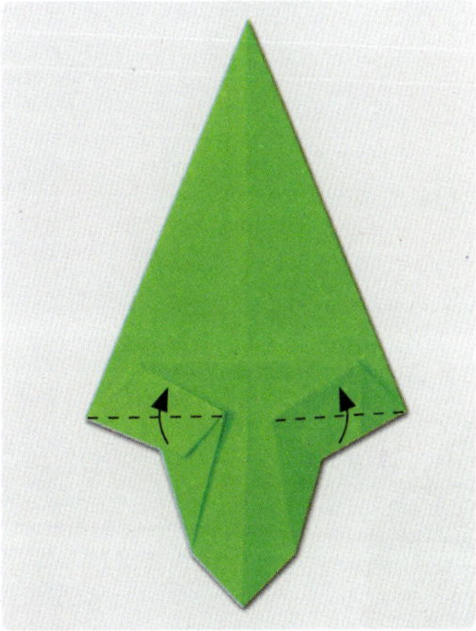

6 依照虚线将两角朝箭头方向折。

7 依照虚线将底角朝箭头方向折。

8 折好后，翻转，完成。

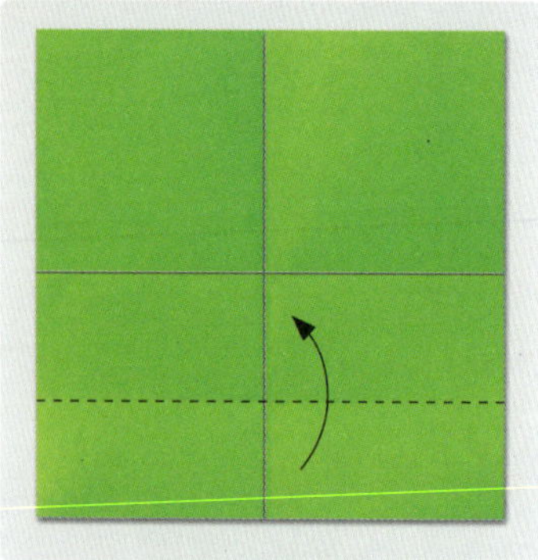

1 使用一张正方形的纸，背面朝上，先折十字形折痕，然后依照虚线将底边向中线折。

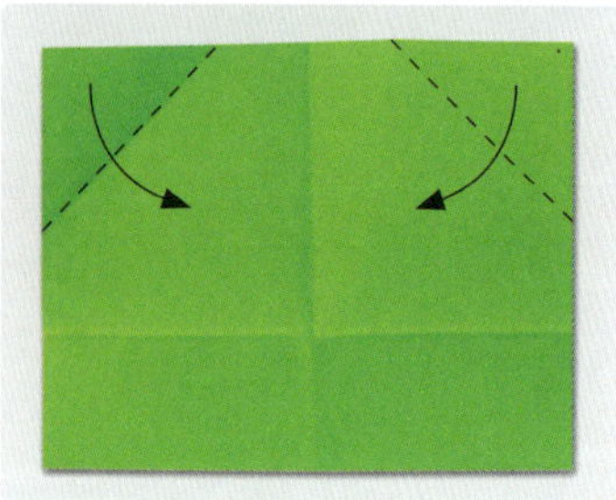

2 依照虚线将两角朝箭头方向折。

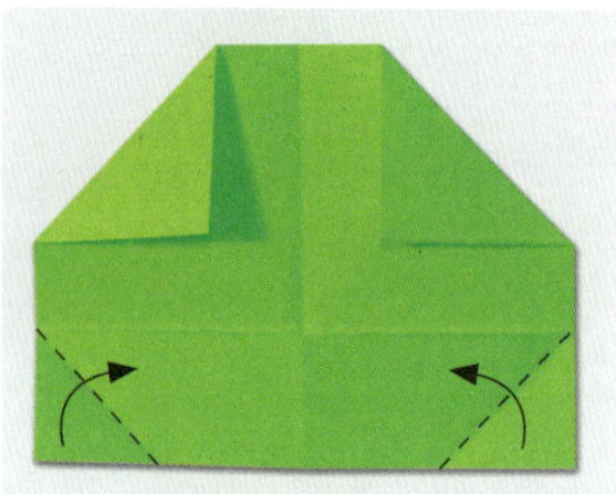

3 依照虚线将两底角分别朝箭头方向折。

4 折好后，翻转，完成。

这个小玩意，你能猜猜是做什么用的吗？

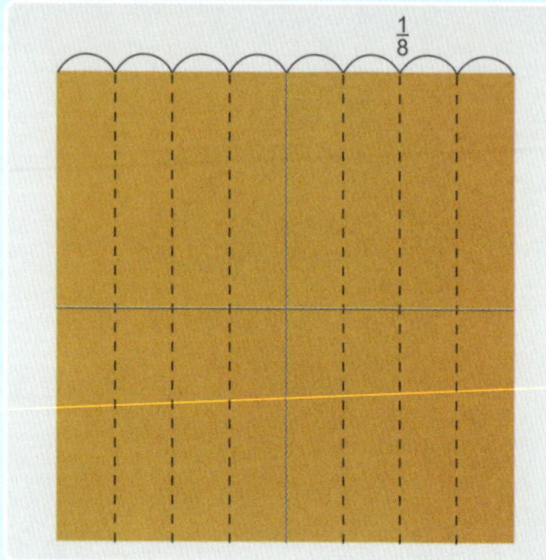

1 使用一张正方形的纸，背面朝上，先折十字形折痕，然后如图所示将纸平分八等份。

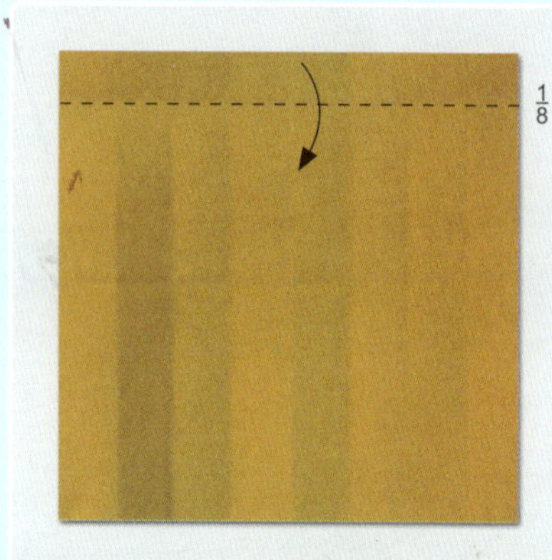

2 依照虚线将上边 1/8 处朝箭头方向折。

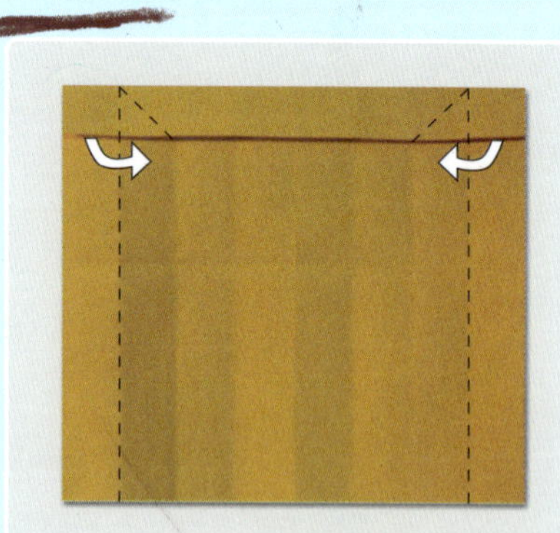

3 先依照虚线折出折痕，然后依照折痕朝箭头方向撑开，再压折。

4 依照虚线将左右两边向中间折。

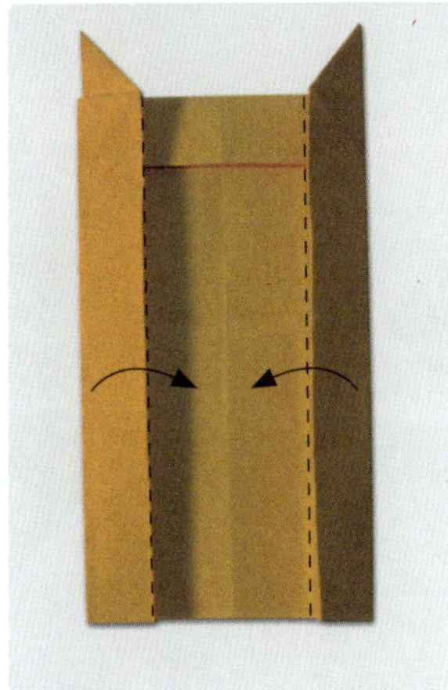

5 依照虚线将左右两边再次向中间折。

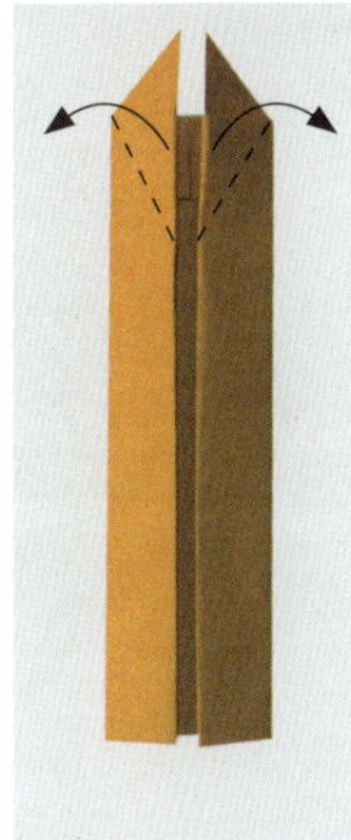

6 依照虚线将两角向外折。

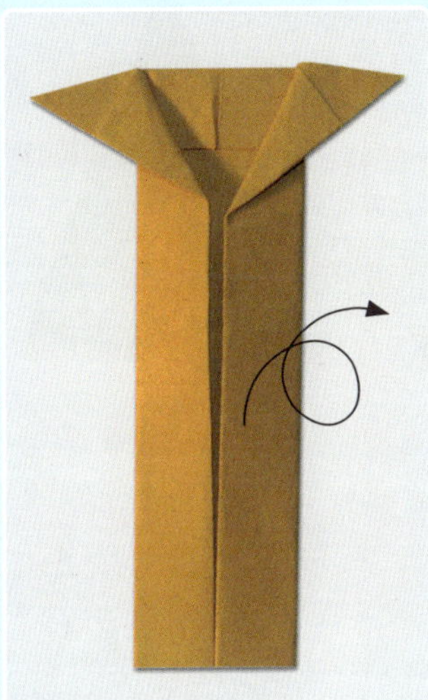

7 折好后，翻转，完成。

哦！原来是这样的呀。将上一页折好的树叶固定在树干上，一棵茂密的大树就长出来了。

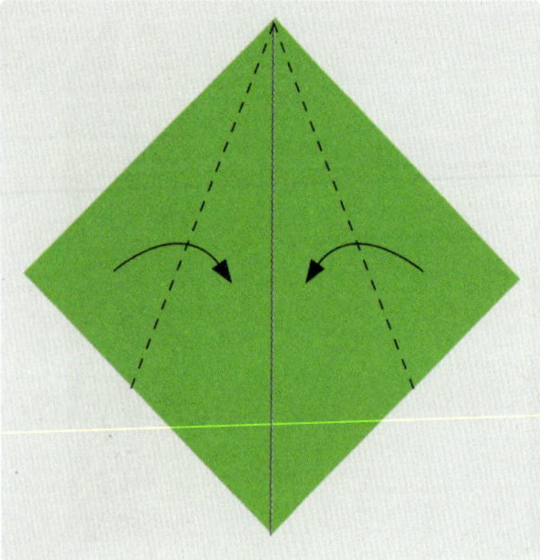

1 使用一张正方形的纸，背面朝上，先左右两角对折折出折痕，然后依照虚线将左右两角向中线折。

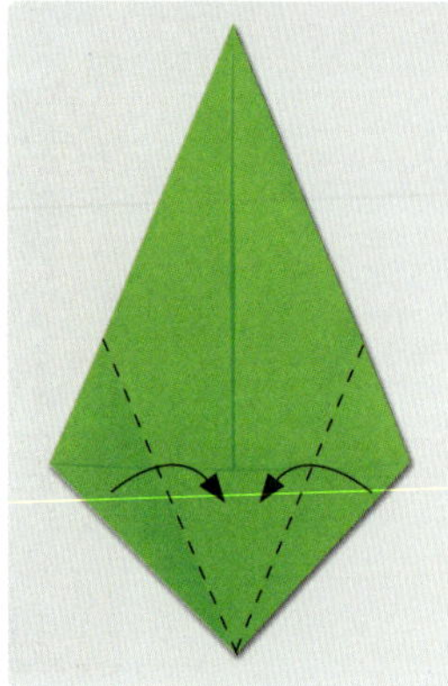

2 依照虚线将两角向中线折。

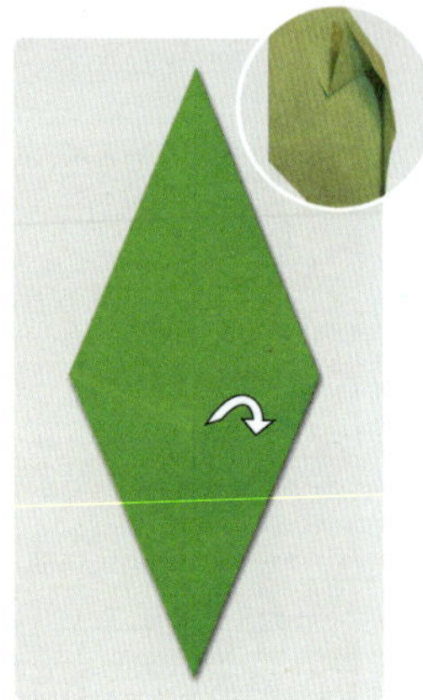

3 依照折痕从中间撑开，再压折。

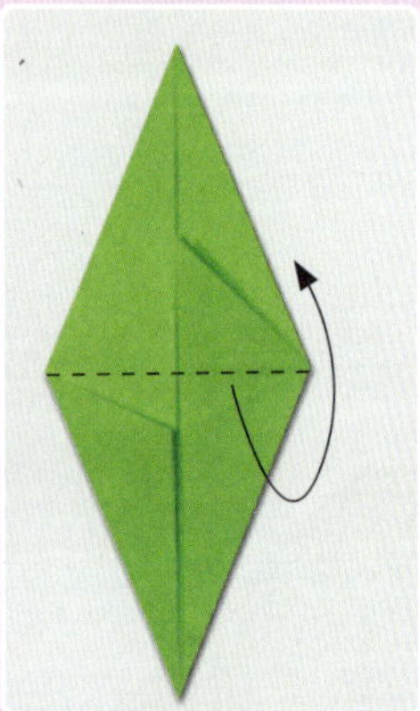

4 依照虚线将上层顶角向背面对折。

5 折好后，旋转90度后依照虚线将底角朝箭头方向折。

6 折好后，翻转。

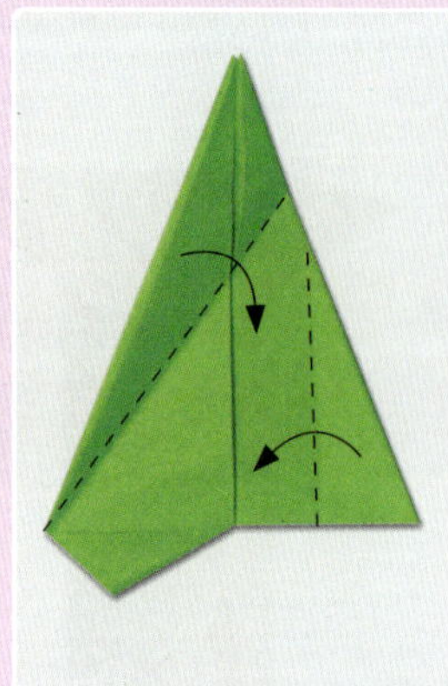

7 依照虚线将上层顶角和右边底角分别朝箭头方向折。

8 依照虚线将左下角朝箭头方向折。

9 依照折痕从中间撑开，再压折。

10 依照虚线将各角朝箭头方向折。

11 折好后，翻转，完成。

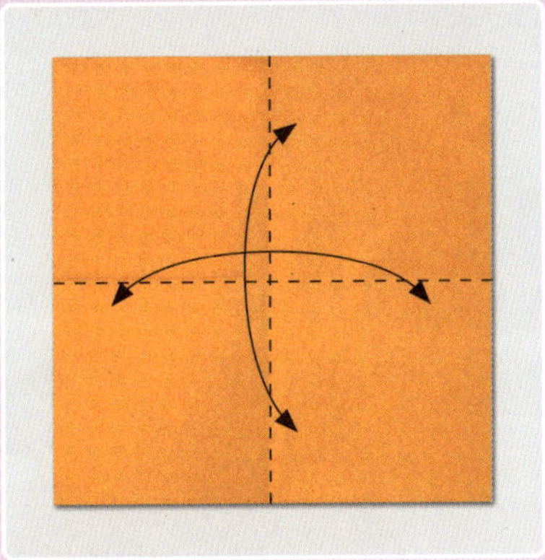

1 使用一张正方形的纸，正面朝上，折十字形折痕。

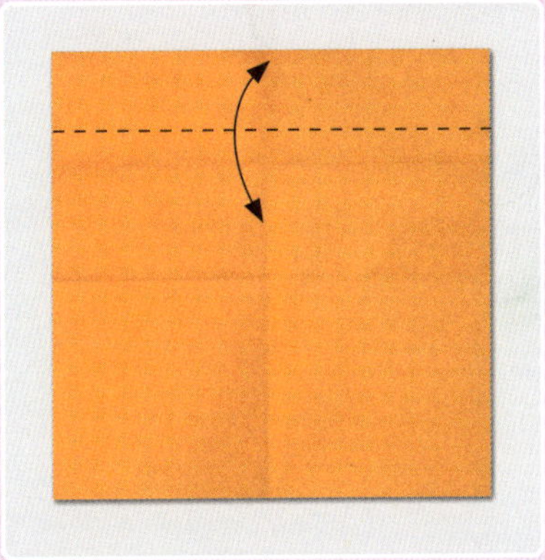

2 依照虚线将上边向中线折，然后复原留下折痕。

3 依照虚线将上边的 1/8 处朝箭头方向折。

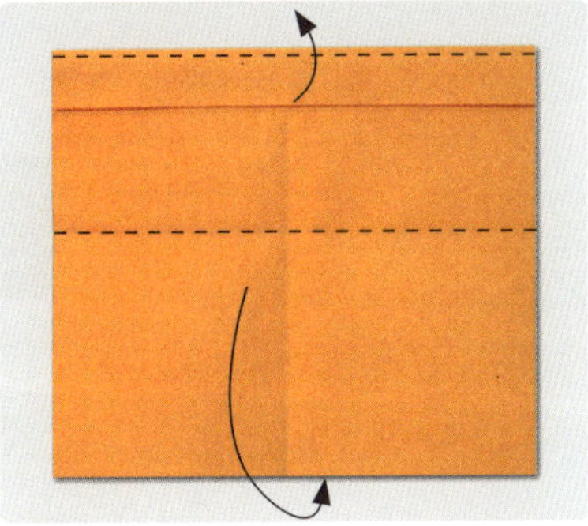

4 依照虚线将下边向背面折。

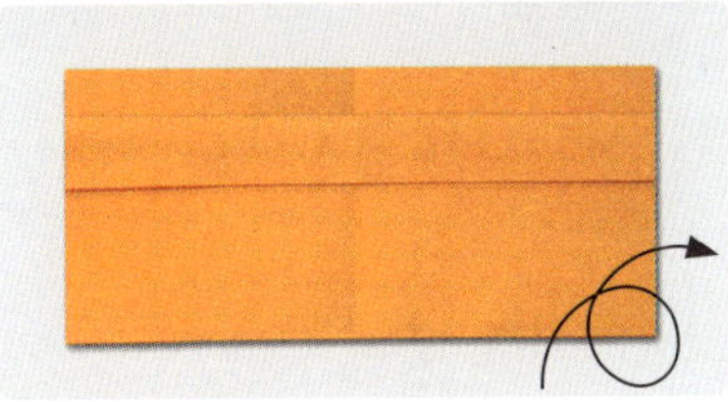

5 折好后，翻转。

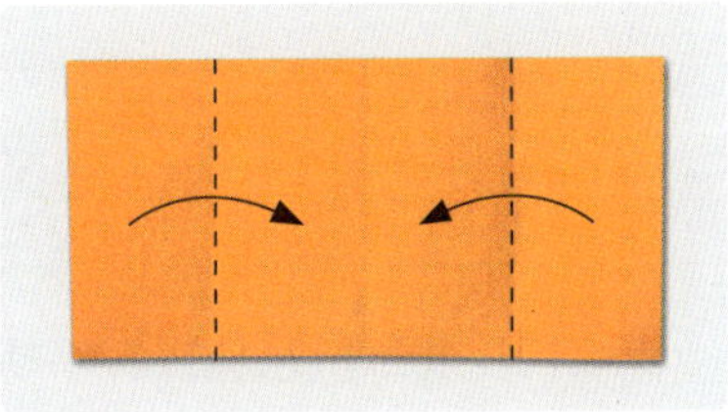

6 依照虚线将两边向中线折。

将事先折好的仙人掌固定在花盆中。一盆不带刺的仙人掌就长出来了！

7 先依照虚线折出折痕，然后依照折痕向内压折。折好后，翻转，完成。

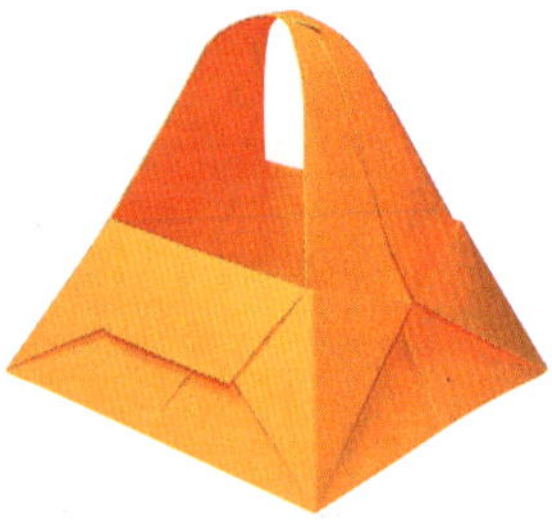

图书在版编目（CIP）数据

巧手折纸/李纳编.—北京:化学工业出版社，2011.6

(我最爱玩的小手工)

ISBN 978-7-122-11384-9

Ⅰ.巧… Ⅱ.李… Ⅲ.手工课-学前教育-教学参考资料 Ⅳ.G613.6

中国版本图书馆CIP数据核字（2011）第096352号

责任编辑：张娟娟 丁尚林　　装帧设计：书易图书

出版发行：化学工业出版社（北京市东城区青年湖南街13号 邮政编码100011）

印　　装：北京方嘉彩色印刷有限责任公司

787mm×1092mm 1/16 印张 3¾ 2011年8月北京第1版第1次印刷

购书咨询：010-64518888（传真：010-64519686） 售后服务：010-64518899

网　　址：http://www.cip.com.cn

凡购买本书，如有缺损质量问题，本社销售中心负责调换。

定价：14.90元